U0053930

雙語教育
策略指標

Bilingual Education Strategic Indicators

雙語教育為全球化下一個重要議題,其策略指標引領著教師教學成效以及學生學習成效。影響雙語教育策略指標的因素眾多,若能探究出並建立具指標性的指標體系,教育者便能發揮指導教學和課程設計至最大化,亦能更瞭解學生的需求,提供選擇最適合學生的教學方法,使學習成果具有成效。

蔡金田　郭喬雯 —— 著

序

在今處於全球化的時代，各國之間高度互賴與影響，在政治、經濟、文化方面促成跨國界的相互連結。因此，語言不僅成為交流工具，更是連接世界的關鍵。在此背景下，雙語教育逐漸成為教育領域的一個重要議題，因為雙語教育成為一種培養學生在兩種語言的環境中進行溝通的教育模式，其重要性已經被廣泛地關注和持續推動。

各國於積極推動雙語教育的情況下，臺灣亦符應國際趨勢，逐步推動雙語教育的相關政策。自行政院設立 2030 年成為雙語國家之目標，各級學校紛紛著手於雙語教育的推動，從政策的頒布、相關研習的籌備以至於學校行政端的執行層面，皆投入相當大的心力。然而，臺灣欲實現具有成效的雙語教育，必須確保雙語教育的品質和有效性，因此，建立合理的雙語教育指標成為了不可或缺的一環。這些指標不僅能提供第一教育現場的學校端有可參酌的方向，亦能協助教師瞭解雙語教育的意涵及其可受力之處，更能有助於評估學生的學習成效，達到雙語教育的實施成效。

筆者投入教育現場已達 20 多年，於雙語教育推動上已參與數年。在這些過程中，觀察到許多第一線的老師對於雙語教育的概念不甚瞭解而感到徬徨及焦慮，不知從何著手。有些學校亦不知道該如何統整規劃雙語教育的校務推動，缺乏相關經驗，亟需更多資源的協助。而學生們在無適當或適時的引導下，出現習得無助感。有鑑於此，筆者認為透過研究去協助更多人瞭解雙語教育的意涵和推動的相關策略，有其必要性。雙語教育策略指標的建構能夠幫助學校和教育機構更全面地評估學生的學習成果。若能探究出並建立具

指標性的指標體系，教育者便能發揮指導教學和課程設計至最大化，亦能夠更瞭解學生的優勢和需求，提供選擇最適合學生的教學方法，使學習成果具有成效。

本書共分為三個部分。首先，第一部分為理論探究。內容包括雙語教育的背景探究，對於雙語教育的起源和各國實施之政策統整出脈絡，並綜合歸納國內外雙語教育相關論文及期刊文獻，整理出雙語教育策略之內涵，建構出雙語教育策略指標之雛形。其次，第二部分為資料統整及分析。內容包括設計研究流程與架構、研究方法與工具、進行資料處理及統計分析。針對先前所建構之雙語教育策略指標系統進行系統化分析，使用量化工具來做出檢核結果。最後，第三部分為歸納資料分析結果進行綜合討論、提出相關的結論與建議，以建構雙語教育策略指標之內容。

筆者在撰寫此書的過程中，承蒙多位專家學者的指導，針對此書的分析研究進行相當多的交流，讓筆者受益良多，在雙語教育研究這條路上收穫滿溢、能量加倍。亦承蒙元華文創股份有限公司的專業協助與引導，方能順利完成出版一事。在此謹致上最大的敬意與謝意。秉持著嚴謹的研究之精神，本書於撰寫過程力求周全，若仍有疏漏之處，尚祈各方教育先進不吝予以指導，是幸。

蔡金田 郭喬雯 謹識

2023 年 8 月

摘　要

　　本書旨在建構國民中小學雙語教育策略指標，並依建構之指標進行相對權重分析。首先，藉由國內外相關文獻的整理及分析，瞭解我國推動雙語教育的情形，接續從這些推動的情形，以及相關的研究中歸納出雙語教育策略的內涵，初步建構出雙語教育策略指標。其次，邀請具有專業及實務經驗的 10 位學者專家，透過焦點團體座談，針對雙語教育策略指標進行討論與修改。最後，邀請具雙語教育推動經驗之學者及專家進行問卷填答，以模糊德懷術（Fuzzy Dephli Method, FDM）蒐集學者專家們的意見，確定指標的重要程度，再透過模糊層級分析法（Fuzzy Analytic Hierarchy Process, FAHP），分析指標的相對權重。最後，根據分析結果形成「層面─向度─指標」三層指標系統。

　　本書主要的研究結果如下：

　　一、透過德懷術分析，確立出「國民中小學雙語教育策略」指標為五個層面、十二個向度與五十四個指標。

　　二、以模糊層級分析法（FAHP）建構出雙語教育策略指標權重體系，在層面中以「課程教學」層面最重要。行政管理層面的向度以「校長領導」、課程教學層面的向度以「教師知能」、教學環境層面的向度以「教學設施」、學生學習層面的向度以「學習興趣與動機」、家長與社區參與層面的向度以「家長參與」為最重要。

　　三、指標權重結果顯示能組成雙語共備小組，進行共備討論，是雙語教育策略優先注重的指標。

　　四、本書權重排序較高的指標，大多都是以提升教師專業及提升學生學習動機為主。

　　根據上述研究結果，本書提出對教育主管機關、學校、教師、未來研究的建議，並提供雙語教育及其相關研究之參酌。

　　關鍵字：雙語教育、指標建構、焦點團體座談、模糊德懷術、模糊層級分析法

目　次

表目次

圖目次

第一章　緒論

　　在全球化的浪潮下，世界的情勢正在經歷極大的轉變，各國之間的關係更為緊密，改變了世界上教育發展的樣貌，在教育的進程上也是一大進展。資訊的快速傳播，營造地球村的環境，開創了國際競爭及合作的多樣化模式，使得各國之間的文化差異以及溝通互動，需透過教育之媒介，彼此增進差異理解，而這即成為當代教育的趨勢與使命。近年來各國政府積極在教育的改革與轉型上投入極大的心力，透過改善教育系統的政策與提升教育品質的訴求，冀望教育能夠更為永續發展。

　　順應全球化浪潮以及教育改革趨勢，雙語教育（Bilingual Education）逐漸被各國所重視，成為外語及國際教育研究的顯學。許多國家致力於語言教育改革時，將雙語教學列為重要教育政策，試圖透過雙語課程增進人們的國際溝通能力，擴展國際視野。因此，各方的雙語教育人士試圖找出最佳的雙語教學策略，以提升學生在雙語教育的學習成效。

　　為求雙語教育的有效推行，從中探求雙語教育指標有其必要性。本章共包括四節，第一節研究背景與動機、第二節研究目的與待答問題、第三節名詞釋義、第四節研究限制，以下分別說明之。

第一節　研究背景與動機

　　本節茲就研究背景與動機，說明如下：

壹、研究背景

一、全球化後語言成為各國溝通的橋樑

　　語言是人類用來溝通及傳達思想的一個媒介，亦是用來實施教育的一個工具，它在人類發展上具有不可或缺的存在價值。近年來由於全球化的興起，資訊科技迅速發展，使得國與國的疆界概念越來越模糊。各國往來日益頻繁，不論在經濟上、社會上或是文化上，透過語言作為與他國之間的溝通工具。在全球化的時代，隨著科技的進步和跨國交流的增加，語言作為溝通的工具變得更加重要。在現代社會中，語言已成為各國之間溝通的橋樑。當不同國家的人們想要交流時，語言的隔閡可能會成為阻礙，而掌握多種語言的能力將會變得越來越重要。英國著名的語言學者 Graddol（2006）認為在全球化的趨勢下，英語的重要性日增，不可避免地發展成為全世界人與人用來溝通的重要工具。換而言之，英語能力成為一個全球公民所不可或缺的基本能力。黃涵榆（2022）提到，在全球媒體、商業與教育等方面，英語成為最通用、最強勢的語言。同時，英語不再只是英格蘭、美國、澳洲等國的國家語言，英語不再只是英語，而已變身為「全球語」（Globish）。

　　此外，多語言的能力也能夠促進跨文化的理解和溝通。不同的語言背後蘊含著不同的文化和思維方式，學習多種語言有助於人們更好地理解和尊重不同文化的差異。此外，語言學習還有助於促進個人的思維能力和學習能力。

　　總之，全球化使得語言成為各國溝通的橋樑，掌握多種語言的能力將會變得越來越重要。學習多種語言不僅可以幫助人們更好地進行跨語言溝通，還有助於促進跨文化的理解和學習能力的提升。

二、雙語教育成為各國教育改革重要趨勢

教育的成功與否，影響著一國的社會文化與人力品質，同時也被視為觀察、衡量一國國力的重要面向。目前所處的二十一世紀是一個高度競爭與充滿變化的世紀，世界上許多先進國家為取得競爭上的優勢，先後進行一連串的經濟、政治、社會及教育改革，其中教育改革攸關人力素質的良窳，對提升教育品質及國家整體競爭力影響甚深。

「雙語教育」一詞於 1660 年代起始於美國，在 17、18 世紀大批移民湧入美國，源自歐洲的移民為了能保留自己的語言和文化，各自設立教授本國語言與文化的學校，而當時美國政府對雙語教育採取放任的政策，這也是美國雙語教育的起始點（吳婷婷，2003）。

英國 1998 年 7 月《教育改革法》（Education Reform Act）公布之後，並於次年 9 月開始實行（Anning, 1995: 1），正式透過法律來加強教育績效責任。加拿大種族多元，是雙語教育的先驅，以英、法雙語國家著稱。由國小、國中至高中皆採沉浸式教育，將教學內容與真實生活結合，學校提供非母語的教學環境，使學生能夠很自然地學習第二外語。新加坡自 1966 年之後就力行雙語教學（姜宏德，2002），相當重視學生的語言發展，從小學就將學生分流，升中學強調聽、說、讀、寫四種能力，到了高中再進修第三外語課程。可以看出新加坡的雙語課程結合學習測驗形成一套完整的體系，使新加坡人才的英語能力得以躋身亞洲前段。

為了因應這波潮流，教育部於 2011 年提出「中小學國際教育白皮書」（以下簡稱國際教育 1.0），期透過教育國際化活動，培育學子具備國家認同、國際素養、全球競合力及全球責任感，冀望達到中小學國際教育的目標；訴求透過學校本位的方式，以「融入課程」、「教師專業成長」、「國際交流」、「學校國際化」等四

軌並進方式，尋求國際教育在全球視野與國際知能培育方面的具體落實（教育部，2011）。國際教育 1.0 的宣示及推動，可謂我國中小學教育史上劃時代的重大工程（教育部，2020），不但促使英語成為一項重要的溝通工具，期待透過英語的學習媒介，培養國人的世界觀、多元文化及國際理解能力。

　　教育部為符應國際趨勢，接續於 2019 年 4 月成立「中小學教育國際化專案辦公室」（Primary and Secondary Education Internationalization Office, PSEIO），針對國際教育 1.0 執行結果進行重新檢視，與 2020 年提出「中小學國際教育白皮書 2.0」（以下簡稱國際教育 2.0），進行為期為六年的計畫，以「接軌國際、鏈結全球」為願景，尋求「培育全球公民、促進教育國際化及拓展全球交流」等三項目標之達成（國家發展委員會，2018）。為體現國際教育 2.0 的政策規劃，近年來雙語教育在臺灣蓬勃發展，行政院於 107 年 12 月通過國家發展委員會所提的「2030 雙語國家政策發展藍圖」，以「提升國人整體英語力」與「提升國家競爭力」兩大政策目標，推動雙語國家計畫（國家發展委員會，2018）。自行政院設立 2030 年成為雙語國家之目標，各級學校紛紛著手於雙語教育的實施上，從政策的頒布、教師的專業成長以至於學校行政端的執行，皆投入相當大的心力。

　　在全球化的時代，推動雙語教育是有其必要的，語言的學習和應用是否具有相當的品質，對整體學習的影響甚鉅。換句話說，教育品質對於各國而言，皆是最重要的教育目標，倘若教育品質成效佳，學生的學習成效彰顯，自然國家的競爭力也就越大，更能於全球化的潮流中站穩不搖。在此脈絡下，雙語教育之質量成為攸關雙語教育成敗的先決要件。因此，教育品質相關問題的探討，包括：教育品質的判斷指標、影響因素、現況評估及提升成效之方法等，乃為當前重要的研究課題，亦是學校教育品質改進系統的重要

內涵。

貳、研究動機

一、雙語教育的實施內涵為推動雙語教育的重要課題

　　在面對瞬息萬變的世局，各學校正如火如荼地推行雙語教育，希望藉此協助學子們增加適應世界的能力，累積國際競爭力。因此各國教育單位從初等教育階段、中等教育階段至於高等教育階段，無不在教育改革上日益精進，協力打造全方位的雙語國家，強化學生在生活中應用英語的能力及未來的職場競爭力。然而，雙語教育並非一蹴集成的教育型態，因著各校所具備的校內、外資源以及組織文化的不同，所達到之雙語教育所展現之成效亦有所差異。

　　世界上多數國家將提高教育品質作為首要任務，在全球社會轉型的過程中，教育品質扮演了哲學思維與工具骨幹的關鍵因素。為強化師資培育與教育系統的改進，歐洲聯盟委員會（European Commission）建立了績效責任，強調語言教學的品質指標，更建置了師資培育與教育系統（Dincer, 2016; European Commission, 2001; Hughes, 2007; Kelly et al., 2004）。同時，意識到此世界教育改革趨勢，其他國家亦紛紛建立了語言教學教育品質指標，使得教育在推行時，更具品質上的掌握以期達到理想的教育實施狀態。

　　為使能順應全球化的發展，各國在教育的推動上朝向國際化的目標前進，而外語或雙語學習被認為是推動教育國際化與孕育世界公民素養的起點，亦是協助國際發展之必要生存條件。美國於立國之初即已接受不少移民，同時著重移民家庭的母語以及官方英語的雙語教育，受歷史及文化影響深厚。加拿大有兩種官方語言：英文和法文。它的由來有其特殊的英、法殖民的歷史背景，加拿大政府也費莫大的功夫在維繫該國雙語政策的成功。亞洲國家如韓國、

日本由於國內外來移民相對單純，除了本國已具備的母語外，亦推動外語學習。韓國不但重視移民家庭的母語教育，也於國內推廣高階外語人才。我國在 2020 年全國教育局處長會議中，教育部潘文忠部長明確地宣示，教育部將於 2021 年把雙語教育之預算提升十倍，預計投入二十億新臺幣（潘乃欣，2020），此政策揭示了我國在對於成為雙語國家以及推廣雙語教育目標上具有其未來願景。許家齊（2021）表示，教育部設定目標，未來希望達到 2030 年全國三千多所中小學的英語課程，皆能採全英語教學上課方式，且三分之一以上的國中小，部分領域課程能採用雙語授課的方式。章凱閎（2020）也提到，為配合雙語國家政策，教育部規劃從 2021 年起，每年引進 300 個外師，提供給學校單位共同來協助雙語教育的推行。由以上觀之，雙語教育對於世界上許多國家而言，代表了一種國際上的競爭力，更是與世界接軌的一個重要的媒介。為此，瞭解雙語教育的內涵為本書所著重的研究動機之一。

二、雙語教育策略指標之建構有助於提升雙語教育實施品質

面對全球化及國際化浪潮，英文已成為跨國與跨族群溝通的通用語之一（English as a lingua franca, ELF）（Jenkins, 2006）。雙語教育在我國的發展正如火如荼展開，各個學校不論在教師專業發展、課程發展、學校國際化、國際交流等方面都投入了相當大的心力。在全球化競爭之下，行政院計畫推動雙語國家政策，由前行政院長、現任副總統賴清德於 2018 年 12 月 6 日在行政院會拍板「2030 雙語國家政策發展藍圖」，希望推動我國成為使用「中文」與「英文」的雙語國家。王承中（2018）表示，教育部推動雙語政策，把英語融入教學領域，部分科目用英語來教。雙語教育之政策目標期望透過雙語教育讓臺灣更與世界接軌、提升臺灣競爭力及增進經濟優勢（國家發展委員會，2018）。我國的「2030 雙語

國家政策發展藍圖」更揭示了兩個目標：提升國家競爭力以及培植國民的英文能力（NDC，2018a），落實雙語教育，有效實踐雙語國家的到來。

　　推動雙語教育必須達到理想的成效，方能使學生受益。我國以 2030 年成為雙語國家為目標，然而實施雙語教育之時，也浮現了教育現場上許多教育人員所面臨的困境。由上而下的雙語教育推動，亟需國家政策的完善規劃，協助各方教育單位朝向雙語國家目標邁進。黃琇屏（2021）指出，公立中小學在雙語教育實施時，呈現雙語師資與課程審查機制尚未完善、中小學雙語師資缺乏與城鄉師資不均的現象。換句話說，學生的英語資源沒有被平均分配，造成學生雙語學習城鄉差距以及學習有落差。鮑瑤鋒（2021）認為加速雙語教育師資培育系統有其重要性。葉若蘭、翁福元（2021）亦表示，教育現場欠缺具備雙語專長的教師，雙語推動專責單位及預算政策尚未完善，進行雙語教育者有必要增強雙語教學相關知能。李振清（2021）建議應從政策面規劃雙語教師的培育，如英語文能力管控、規劃在職訓練、編列預算讓優質的英語教師出國進修、設立英文電臺提升全民英語能力等，方能協助雙語教育的順利推行。未來雙語國家的推行，需要藉由政府單位的大方向政策擬定，政策的部分規劃完善，有助於教育單位的推行。若要使教師能夠在教學上能夠自我精進、依循正確的方向，進而達到具有績效的雙語教育，必須建立一個具參考性且公正的教育指標，如此不但能讓第一線的老師能夠更有信心來推動雙語教育，亦能協助各級學校在實施上更為順暢。

　　在探求雙語教育的實施之時，建構其指標有其必要性，因指標的建立有助於在檢視雙語教育實施時，提供學校、教師掌握有哪些方向及技巧可依循，也可協助學生在接受雙語教育時能更為順利。林子斌、吳巧雯（2021）提出，學校校內自主性地對雙語教師

增能與培訓、英語教師與有意願投入雙語教育的老師組成共備社群，有其必要性。林子斌（2021）認為，學校需意識到投注更多的資源與關注，協助教師有意願投入雙語教育之推動、英語教師與其他雙語教育教師組成專業學習社群，將增加雙語教育推動成效。鄒文莉（2021）亦認為跨領域的教師共備、發展課程包與平臺皆能提升雙語教學的成效。葉若蘭、翁福元（2021）表示學校端應爭取外籍教師分配，減少雙語師資之城鄉差距；學校需協助教師提升雙語教學相關知能，且英語教師對於協助雙語社群運作有幫助。「校內的行政端」投入亦是學校推動雙語教育的一個重要因素，行政端的帶領與支持，能鼓勵校內老師對雙語教育的投入意願。林子斌（2021）表示，學校的校長及行政扮演好「角色典範」有其必要性，其角色典範為學校雙語環境中的一部分。楊瑞濱（2021）也提到，學校須建立正確的雙語教育認知，提供共識來解決方法，化解教育現場所面臨實施雙語教育上的衝突；學校領導者應提供資源，並於公開場合給予投入雙語的教師鼓勵與肯定。郭彥廷（2021）表示，在臺就學的外籍生觀點，亦有助於校園內雙語環境的建置。楊怡婷（2022）強調建置校內雙語環境有其必要性，且應善用數位工具來打造雙語環境。

為了符應 2030 雙語國家政策，近年來中央和地方政府都很積極規劃各種雙語教育計畫，投入大量經費，從小學到大學，從課程教學到師資培育，皆規劃與雙語連結。因此，各地區的教育單位，於校內開始著手實施並推行雙語教育，提升英語此一國際語言的能力。而對於學校而言，雙語教育是促使學生在面對全球化的變化時，認識世界的一個途徑與媒介。因此，建立雙語教育策略指標來提供給各教育單位做參照有其必要性與價值，因指標的建立是評價雙語教學政策之績效的重要依據。因此，本書乃針對雙語教育策略實施之指標面向，進行權重分析，歸納出學校、教師與學生可參照

的雙語教育實施方向與重點，此乃本書動機之二。

三、我國雙語教育之相關研究有待深耕

　　政府宣示 2030 年要成為雙語國家，目前為推行的起始階段，教育單位或是教育現場的教師易迷失正確的方向。故對於雙語教育／雙語教學的內涵、實施策略、指標等等，亟需有參考或指引之處。學術上有關教育指標的研究汗牛充棟，而針對「雙語教育策略指標」主題之相關研究付之闕如，仍有相當大的研究空間。

　　而針對雙語教育的相關研究，筆者經由臺灣博碩士論文資料庫，以「雙語教學」為關鍵字查詢，針對 2010 年至 2021 年近二十年的研究，發現以「雙語教學」為研究主題，以「國小」領域的研究仍屬多數。由於碩博士論文中，查閱到關於雙語教學的議題為數不多。關於雙語教學議題之碩博士論文，在臺灣博碩士論文資料庫中，109 年的研究有 3 篇；108 年的研究有 1 篇；106 年的研究有 1 篇；103 年的研究有 1 篇；99 年的研究有 1 篇；98 年的研究有 1 篇；96 年的研究有 1 篇；92 年的研究有 1 篇；90 年的研究有 1 篇。就此結果而言，可知「雙語教學」的議題，在近幾年有逐漸被關注的趨勢。儘管近年來已經有越來越多的研究開展，但在研究論文數量、研究主題、研究對象等方面仍存在許多限制和局限性。因此，有必要進一步深入探討雙語教育相關研究的問題，從多個角度進行探究和分析，以期能夠更好地瞭解雙語教育的發展趨勢和應對策略，進一步推動雙語教育的發展和實踐。

　　因此，雙語教育策略指標的研究，更突顯其研究的必要性及價值。本書即著眼於此，希冀經由雙語教育指標之建構，瞭解指標層面、向度及細目之重要性排序，提供學校端之參考，此為本書動機之三。

四、筆者背景具相關聯性

由於筆者現任國民中學之行政主管暨教師之職務，經常接觸到教育現場中各式各樣型態的事務，尤其近期政府所推行之雙語教育政策，亦為日常接觸之常態。對於雙語教育相關議題的研究領域，充滿探索與研究之興趣。由於在工作場域中擔任之行政暨教師之職務，與雙語教育息息相關，更添研究之動機。筆者思考到未來若能將其工作場域上所習得的雙語教育相關經驗，經歸納及分析後產出研究結果，予以探究並建立指標，期望對國內雙語教育學術略有貢獻，此為本書動機之四。

第二節 研究目的與待答問題

基於上述之研究背景與研究動機，有關雙語教育策略指標之建構，旨在透過國內外相關之文獻分析、學者專家小組焦點團體座談（Focus Group Interview）、德懷術（Delphi technique）專家諮詢、權重分析，歸納研擬出適切的教師所應具備的雙語教育之指標，以提供日後相關教育單位及後續研究運作之參考。具體而言，本書目的與待答問題如下：

壹、研究目的

一、探討國民中小學雙語教育推動的內涵。

二、探討國民中小學雙語教育策略指標之層面、向度與項目。

三、探討國民中小學雙語教育策略指標之層面、向度與項目之權重情形。

四、根據結論提出建議，提供行政機關、國民中小學、雙語

教育研究者後續研究之參考。

貳、待答問題

依上述研究目的，本書擬提出下列幾項待答問題加以探討，以作為蒐集相關資料之依據：

一、我國雙語教育之內涵為何？

二、我國國民中小學雙語教育策略指標之內涵為何？

（一）推動雙語教育策略指標時，包含了哪些層面？

（二）推動雙語教育策略指標時，包含了哪些向度？

（三）推動雙語教育策略指標時，包含了哪些項目？

三、探究我國國民中小學實施雙語教育策略指標之權重為何？

（一）瞭解推動雙語教育策略指標層面的權重為何？

（二）瞭解推動雙語教育策略指標向度的權重為何？

（三）瞭解推動雙語教育策略指標項目的權重為何？

第三節　名詞釋義

基於界定本書所探討重要相關名詞，俾利後續研究，茲分別釋義如下：

壹、國民中小學

根據《國民教育法》第 3 條定義，國民教育分為二階段：前六年為國民小學教育、後三年為國民中學教育；第 4 條指出，公立國民小學及國民中學，由直轄市或縣（市）政府依據人口、交通、

社區、文化環境、行政區域及學校分布情形，劃分學區，分區設置；其學區劃分原則及分發入學規定，由直轄市、縣（市）政府定之。前項國民小學及國民中學，得委由私人辦理，其辦法，由直轄市或縣（市）政府定之。

本書之國民中學乃係依民國 105 年 6 月 1 日公布之《國民教育法》第 2 條規定，辦理六歲至十五歲國民教育之我國公立國民中小學之教育階段。

貳、雙語教育

本文中所提之雙語教育（bilingual education），分為概念性定義（conceptual definition）與操作性定義（operational definition）來予以說明：

誠如 García（2009）表示，雙語教育所指涉的就是在教育的過程中，以兩種語言來進行。葉德明（2009）認為，以鼓勵並培養雙語公民為宗旨，期望雙語並重外，維持兩語言之長期發展為主，盼學生能終身運用兩種語文，非以其一語言為過度語文協助學習另一語言為目的。換而言之，雙語教育指的是在教育的過程中，有規劃並且有系統地使用兩種語言作為教學媒介，使學生在整體學識、兩種語言能力，及兩種語言代表之文化的學習成長上，均能達到順利而自然的發展（謝國平，1993）。

本書所謂雙語教育，係指在課堂上使用英語為目標語言來進行中文學科的教導。語言在雙語教育上扮演教師與學生在課堂上溝通的角色，亦是教學的媒介。教育過程中以中文及英文兩種語言來實行，其實施層面涵括行政管理、課程教學、教學環境、學生學習、家長參與及社區融入等面向。

參、雙語教育策略推動指標

Cuttance（1990）認為指標象徵一種指引，藉由指標方能瞭解及測量事物的質或量。故建立教育指標的目的，在於指引教育方向或期望。誠如 Elliott（1991）所言，指標的運用能檢視教育背景、過程與結果各層面的表現，做為管制教育品質的方法。指標是構成評鑑實務的關鍵重點，它可視為一種能用於說明被評鑑事務成效資訊的教育指標（education indicator），通常指標中不僅能說明概況和變化，亦能比較和判斷優劣（葉連祺，2009）。

本書之國民中小學雙語教育策略指標共包括五個層面（行政管理、課程教學、教學環境、學生學習、家長與社區參與）、十二個向度（校長領導、績效評鑑、教學法、課程教材、教師素質、環境規劃、教學設施、先備知識、學習興趣與動機、學習評量、家長參與、社區融入）以及五十九個指標，以此指標來做為檢視實務的重點。

第四節 研究限制

本書力求周延與完整性，但囿於外在及現實因素，在「研究變項」及「研究推論」上，仍有若干限制，以下就研究限制說明如下：

壹、研究變項之限制

本書的研究範圍為國民中小學實施雙語教育者，參考國內外與本書相關之研究數量有限；再者，因為國內外的外部環境因素有所差異，存在著歷史、文化、經濟、社會背景不同，故國外對於雙

語教育之相關研究與國內現況有所不同。因此，在文獻資料的蒐集上，除了國內外相關研究外，筆者亦廣從雙語教育或是國際教育相關之專書、研討會、期刊等方面進行資料蒐集，以求研究範圍之周延。

貳、研究推論之限制

本書指標建構之結果僅適用於公立國民中小學，無法推論至其他教育階段之學校。

第二章　文獻探討

　　本章旨在探討臺灣國民中小學實施雙語教育策略指標之意涵與指標建構，乃蒐集、閱讀及探討國內外學者對於雙語教育與指標建構之相關論述，期能對雙語教育之意涵及指標的建構面向等有所理解與掌握，以能妥切探討國民中小學雙語教育指標之建構。本章共分為四節：第一節探討我國雙語國家相關政策；第二節探討雙語教育的意涵及其相關研究；第三節探究教育指標之建構；第四節探討雙語教育策略指標之建構。

第一節　我國雙語國家相關政策

壹、雙語國家政策之緣起

　　面對全球化及國際化的浪潮下，世界各國從小學到大學的階段皆有雙語教育政策的推動經驗。這些經驗皆提供我國作為參考的依據，然而，我們也必須思考我國目前具有的推動雙語的條件有哪些、我們的教學現場適合進行哪一種雙語的模式，而非僅是盲目將他國的雙語教育推廣取向直接套用在我們身上，應找到屬於自己的雙語模式。

　　行政院（2002）發布「挑戰 2008：國家發展重點計畫（2002-2007）」，列出十大重點計畫，其中第一個子計畫「E 世代人才培育計畫」則強調提升全民英語能力，此為我國朝向雙語化邁進的起始點。教育部係於 2011 年為配合「國家黃金十年計畫」提出「國際教育 1.0」，規劃 2011 年起至 2020 年期間執行之。「國際

教育 1.0」近 10 年的實施後，已普遍喚起學校師生對國際教育的重視。有鑑於國際化及全球化的加速發展，教育部於 2020 年提出該政策 2.0 的升級版「中小學國際教育白皮書 2.0」，強調雙語教育的發展，把雙語納進中小學課程。我國過往在九年一貫的課綱中強調，英語教育的旨在提供學習者自然的情境，以培養學習者的英語溝通能力（教育部，2011），強調英語為一種語言技能，透過此語言技能來達到人與人之間溝通的目的。2019 年我國正式進入「十二年國民基本教育」的時代，其課程發展以「核心素養」為主軸，培養孩子成為「終身學習者」，更重視英語的實用性，冀望學習者能夠以英語為媒介，進一步地探究更廣泛的知識（教育部，2018）。換句話說，十二年國教下的英語學習之目的不僅止於和他人溝通，更是讓英語成為探索世界的一項工具，進而提升學習者的跨文化溝通能力，培養國際觀。

　　我國意識到透過雙語教育來發展國力的重要性，由行政院規劃推動雙語國家政策，前行政院長賴清德於西元 2018 年 12 月 6 日在行政院會拍板「2030 雙語國家政策發展藍圖」，指示「明年將確立『雙語國家』政策，打造臺灣成為使用『中文』與『英文』的雙語國家」。我國的共通語是中文，英文是指目標語，其目標希望打造國內的雙語環境，為我國各項產業發展邁向國際化，增加國際競爭力。依據「2030 雙語國家政策發展藍圖」，雙語國家的策略與作法分別由中央各部會制定之，教育部於 2018 年 12 月公布「教育部推動雙語國家計畫」，訂定了短期、中期及長期的執行策略，以「全面啟動教育體系的雙語活化、培養臺灣走向世界的雙語人才」為目標（教育部，2018），並藉由加速教學活化及生活化、擴增英語人力資源、善用科技普及個別化學習、促進教育體系國際化，以及鬆綁法規以建立彈性機制來推動此五項策略，協助學生強化英語能力，使我國順應世界潮流。蔡英文總統於連任後，將雙語

國家、雙語教育的推動列為其未來四年的施政重點（林朝億，2020）。2030 雙語國家的政策，成為建立競爭力與國際溝通能力的一項全民運動。

近幾年來，在「2030 雙語國家政策發展藍圖」政策的推波助瀾之下，雙語教育在我國逐漸成為重要的探討議題，而學校也身負推動雙語教育的重要任務。蔡英文總統於 2020 年 5 月 20 日的就職演說宣示：「政府將在雙語國家及數位領域上，培養更多的本土人才和菁英，讓產業有更強的國際競爭力。」（中華民國總統府，2020）。由此可知，推動雙語國家政策儼然成為臺灣在發展上的一個重點願景，以培養我國走向世界的英語人才，提升我國人才及產業競爭力。行政院於 2018 年 12 月通過國家發展委員會所提的「2030 雙語國家政策發展藍圖」，將透過「從需求端全面強化國人英語力」、「以數位科技縮短城鄉資源落差」、「兼顧雙語政策及母語文化發展」、「打造年輕世代的人才競逐優勢」四項理念，期許在 2030 年打造臺灣成為雙語國家（行政院，2019）。此雙語國家政策藍圖與以往推動之雙語政策有其相異之處，本次目標為提升國家整體之競爭力，與過往以考試為目的有所不同；本次重視提升國人之英語力與溝通力，不再僅著重在硬體環境上的建置；本次盼帶動全民學習英語的風氣，而非僅針對學生的學業成就做努力；本次政府相關措施以需求面出發，而非強調供給面之教育（科學文化處，2018）。

由上述政府相關政策可知，語言的功能是能夠溝通，除了本國官方語言之外，我國也朝向第二外國語的發展，以適應跨文化交流與增加國際競爭力。因此，推動雙語教育已是國家政策之重要走向。發展初步時期的國際教育推動，使英語融入課程，讓英語成為一項溝通上的使用工具，進而培養學習者的國際觀與國際理解能力。接續再推動雙語國家政策，將舊有的國際教育內容及策略由

1.0 升級至 2.0，加速我國在英語使用上的進程，帶動全民英語力與溝通力，期待推動英語普及應用於生活之中。

貳、我國推動雙語的現況

過去政府推動雙語政策，許多時候是從「硬體」或「環境」著手，例如設置觀光景點的英語標示、學校環境的雙語標示、公家機關文書文件的雙語化等等，而 2030 年的雙語國家政策，目的要提升國民的英語軟實力（經濟日報，2019）。除中央政府的政策願景外，為了增加城市競爭力，各地方政府在雙語國家政策推動上投入了許多執行力，希望引領各縣市邁向國際化的城市。對於雙語教育的規劃，各地方政府針對各縣市具有的資源做盤點，希望創造出具有在地特色的雙語政策。

臺北市長柯文哲期待臺北成為國際城市，於 2016 年至新加坡參訪，與星國教育部長及官員會面，探討新加坡如何在 28 年期間成為雙語國家，並將其參訪的經驗帶回來，期待新加坡的雙語教育模式能給我國參考及學習。柯市長於 2016 年至新加坡參訪後，推動臺北市雙語教育之決心更加明確（林子斌，2019）。臺北市自 106 學年度起，率全國之先推動雙語課程，以三分之一課程進行雙語教學，109 學年度共有 28 所雙語課程學校，110 學年將達 51 所。同時，亦辦理雙語課程前導學校計畫，109 學年度共計有 61 所，加上外籍教師設置、12 所英語情境中心、高中國際文憑、雙語班之學校，總計 120 所公立高國中小推動雙語教育。為了使雙語教育更順利推動，成立了「雙語推動辦公室」的專責機構，協助各校轉型為雙語實驗課程學校，再者雙語師資培育、雙語教材研發及評量、學校雙語情境建置、外籍教師招募等協助本市國中小轉型，亦成為落實雙語教育推動的重點目標（臺北市政府教育局，

2021）。柯文哲市長對於雙語教育的推動投入相當大的心力，他於 2022 年宣布「臺北市雙語教育白皮書」，預計至 2026 年，臺北市所有公立國中小學、完全中學 210 校，將全轉型為雙語課程學校（聯合報，2022）。

臺南市響應中央「2030 年雙語國家政策」，於 2015 年成立了「第二官方語言專案辦公室」及相關配套機構，以「營造英語友善環境」及「全面提升英語力」為兩大主軸，專責推動英語成為臺南市的第二官方語言，朝向打造雙語城市做準備（國家發展委員會，2019）。當時臺南市長賴清德指示，十年內推動英語為臺南的第二官方語言，要用英語力敲開全球化大門，將世界帶進臺南，將臺南帶向世界。臺南教育局於 109 學年度成立全國第一個跨領域雙語教育輔導團，於 110 學年度建置雙語教育中心，並規劃課程規劃認證、中外師資培育統整、雙語教學活動發展。其中雙語教育輔導團多方位協助各校規劃雙語師資培訓、設計領域雙語教育課程、辦理雙語課程共備工作坊等等，輔導有意願投入雙語教育行列的教師，逐步建置專業能力（臺南市政府，2021）。

新北市曾在英語教育政策上投入不少推動，例如：建置英速魔法學院、推動英語教學向下延伸至國小一年級、實施英語活化課程及增聘英語師資等，後又訂定國小雙語實驗課程計畫以及國小英語增加 1 節課計畫（盧柏安，2021）。102 學年度首次選擇 5 校試辦雙語實驗課程，106 學年度共有 14 所學校開設 CLIL（學科內涵與語言融合學習）雙語實驗課程，並配置 25 名外師。新北 102 學年度起引進外師，國小階段有 56 位，國、高中有 34 位，外師多達 90 位（未來親子學習平臺，2019）。此外，教育局於 107 學年度正式推動「學科內容融入語言教學（Content and Language Integrated Learning，簡稱 CLIL）」，將雙語教學概念融入學習領域。近期更因應 108 新課綱，訂定「英閱繪」課程指引，結合英語

與繪本，提供各校發展跨領域、統整性及主題式的校定課程（新北市政府教育局，2018）。

臺中市政府教育局近幾年來積極推動雙語教育，除了在外師的應聘、師資培訓、建構雙語學習情境上有所推動，並自 110 學年度起，成立「雙語教育資源中心」，專責雙語教育相關業務。推動雙語教育過程，邀請具有雙語教育推動經驗學校校長以及大專院校雙語教育學者組成諮詢輔導團隊，共同為臺中市的雙語教育投注教育心力（親子天下，2022）。為了協助雙語教育推動，臺中市提高預算，相較於 108 年的 2983 萬元，110 年的 1 億 8000 多萬元整整多出 4.3 倍，外師增聘的人數也大幅增加，藉此希望培養孩子開口說英語的習慣以及能力（臺中市政府，2022）。除了外師增聘政策，臺中市政府推出「二軌三階」教師研習營，由外籍教師擔任英語及領域老師「二軌」研習的講師；並提供初階、進階、高階「三階」教學，透過教師專業發展的培訓，提升教師的職能，進而協助學生提升外語，並具備接軌國際觀的能力（臺中市政府，2021）。

高雄市政府教育局為配合雙語教育政策，於 2019 年推動「四箭齊發五力全開」計畫，加強與國外高中及大學連結、開設國際 AP（Advanced Placement）多元選修課程、開拓外籍教師聘請資源、小校英語師資共聘巡迴；此外並透過雙語教育強化學生「英語力」、「學習力」、「溝通力」、「競爭力」、「全球力」五種能力（高雄市政府教育局，2019）。為普及雙語教育，高雄市政府於 2021 年推動雙語教育創新方案、設置「雙語教育培育基地」、推出「雙語社團」與「外國學生合作交流計畫」，投入更多資源，冀望達到「校校有雙語」的願景（高雄市政府教育局，2021）。

由以上各縣市地方政府推動雙語教育的政策可知，雙語教育為我國目前重點發展的一項重要措施。我國過去把英文當成一門學科，英文是用來背的、考的，我們從小開始學習英文，到國、高中

持續背英文單字以及文法來通過考試，而非拿來「使用」。我國期待 2030 年成為雙語國家，必須突破過往「以學科為目的」的英文學習，提供一個英文的學習環境，讓英文能自然地被國人所接受，使國人能夠隨時轉換中英文來溝通，而非成為考試拿高分的傳統思維。為了讓孩子沉浸在英文學習環境當中，並且能習慣去聽、說英文，各縣市政府如：臺北市、新北市、桃園市、臺南市等都已陸續開始試辦國中小雙語教學，讓學習與生活連結，協助學生在學習英文時更有感，進而提升英語力。我國在此一雙語教育的熱潮下，各地方的各級學校之教育行政人員、教師、家長、教育研究人員與社會大眾更應該投入更多心力去瞭解我國雙語教育的本質或內涵為何，以及該運用何種教學政策或策略來實施適合我國的雙語教育。

　　由於雙語教育為國家的重點發展項目且為較新的政策，近幾年實施雙語教育以來，各縣市的教育現場上仍出現了一些困境。臺南西門實驗小學校長呂翠鈴指出，雙語教材目前仍屬缺乏，且五、六年級部分，要靠中外師共同備課、協同教學（公共電視，2018）。新北市在推動雙語教育時，依然急需師資的量能。新北市的光復國小校長張明賢表示，以各縣市都在大力推行雙語教學的現況而言，師資量離充足無虞，仍有相當大的一段距離。新北市樟樹國際實創高中校長陳浩然也表示，師資是雙語教育最大問題，班級數少的學校缺乏教師，班級數多的學校教師不足，呼籲給願教雙語的教師更多獎勵，來吸引更多投入雙語教育的教育夥伴（聯合報，2021）。王力億（2020）認為師資的數量與質量影響我國雙語教育的成敗，因此提出了「師資先決」一詞，呼籲雙語師資的重要性。

　　雙語國家的目標原具有良好的立意，希望提升國人英語力以及強化國家競爭力。唯雙語教育在實施的層面上，仍面臨許多困難與挑戰急需解決，例如師資量能不足、缺乏符合在地化且具有系統性的教材、缺乏課堂外使用英語的環境、課堂上存在著學生的學習

差異需要克服、學生生活應用英語及專業人士職場英語能力有待提升、缺乏提供學習回饋並刺激學習動機的英語檢測機制等等,讓整個雙語教育在推動上出現卡關現象。臺灣雙語教育目前應該在「緩步前進、滾動修正」的階段,須避免躁進推動。部分縣市局處推動雙語教育時,配套有些不明確,且學校尚未準備好,意願也不高,可預見成效將大打折扣(親子天下,2021)。因此,推動雙語教育政策需要有逐步循序漸進的心態,由上而下政府須擬定合適的相關策略,進而透過時間的醞釀以及實質的逐步推動,讓學校適應其中的改變,協助臺灣的雙語教育找到可行的實施方向。

第二節　雙語教育的意涵及其相關研究

全球化的刺激下,人們用來溝通的語言成為重要的媒介,透過語言來傳達不同地區或是不同文化的情形也日趨普遍。誠如Grosjean(2010)所說,世界約莫一半的人口皆為雙語人士,皆會使用兩種或以上的語言於生活當中。在此世界趨勢下,透過語言來進行人與人之間的交流,成為當務之急。雙語教育指學習者對於兩種語言的精熟度,進而使用兩種語言來進行溝通與交流,且能在適當的情形下運用雙語在口語、理解或讀寫上;亦是培養用語言作為交流的正確方法,以及具有判斷能力,知道哪種語言在何種情況下來使用,以使學習者具備尊重多元文化的精神,達到友善文化溝通的目的(Kokturk et al., 2016; Küpelikilin & Ringler, 2007)。

本書以下將分別以雙語教育的意義與內涵、雙語教育的實施方式、雙語教育的實施要素等層面來探討雙語教育的樣貌,進而針對雙語教育的相關研究來分析雙語教育的影響層面有哪些,以利歸納於接續的雙語教育指標建構。

壹、雙語教育的意義與內涵

在面對全球化的浪潮中，各國意識到雙語教育成為一個促進教育國際化的重要媒介，同時也被當作培養世界公民素養的一個途徑。雙語教育推動的方式因地制宜，在各國之間有所差異，也因此雙語教育對於許多國家而言，代表不同的意涵。例如有些國家實行雙語政策時，而其發展雙語的要素存在著許多不同的面向，有些是源於經貿發展與文化交流；有些則是源於地理位置或歷史因素，甚至關乎到種族同化、保存語言等社會發展面向等原因。Freeman（2007）表示雙語教育隨著不同的國情、區域以及民族文化而有所差異。

針對雙語教育，國內外有許多學者提供了不同的見解。吳英成（2010）、呂美慧（2012）指出，雙語教育即以兩種語言作為教學媒介的教育系統，旨在維繫既有的語言能力，同時促進新語言的學習，最終目標是協助學生精通兩種語言，建立對不同文化的尊重與包容。根據 Wright, Boun, & García（2015）的說法，雙語教育最直接的說法，就是在教與學的過程中，以兩種語言來進行；意為以兩種語言為媒介，透過有規劃的教學程序，教授特定的內容領域。Baker & Wright（2017）認為雙語教育為不只一種語言的教育，通常包括兩種以上的語言。其他學者對於雙語教育的定義，不僅僅只在強調語言的使用，更包含了其他更多層面的定義。雙語教育不同於教授第二語言或是外語的語言教育，是關於學生之語言使用、認同等，而不僅為語言技能之習得（Sánchez, García & Solorza, 2017）。蘇鳳蘭（2020）認為雙語教育可定義為指在兩種語言使用過程中，其中一種語言以添加式雙語教育的方式，來協助另一種語言的知識學習和使用。鄒文莉（2020）認為，臺灣所推動的雙語教育，可解讀為教師同時透過中文結合英文的跨語言

（translanguaging）為溝通媒介來教授學科知識，並兼顧文化與在地化需求，達到學科專業知識的學習目的，讓英文成為有效的溝通與學習工具，且能運用在生活經驗上。雙語教育的實施，大致而言是在鞏固並維繫既有的語言能力，透過第一語言所習得的語言能力來學習第二語言，但最重要目標是使學生能充分運用其所有的語言能力進行學校課程的有效學習，並在此過程中，建立對於不同語言文化的尊重與理解。簡而言之，學習第二語言並不是唯一的目標，語文課程之外，能展開跨文化溝通，亦相當重要。誠如 García & Beardsmore（2009）所言，相對於第二語言教育的目標，雙語教育的教育目標更為廣泛，使用兩種語言進行更全面、有意義、公平的教育，以及培養學生對於多樣性（diversity）的包容與欣賞。

由此可知，雙語教育中的「雙語」之間，存在著許多相互參照和關聯的議題連結，例如：語言與文化。透過雙語的學習，學習者可進行跨文化交流或是國際議題理解的學習，而非僅僅為語言結構上的學習。陳美如、曾莉婷（2020）表示，雙語教育引導學生將所習得的知識技能，在雙語課堂中進行應用，使用英語表達自己的情感、分享自己的文化與生活經驗。倘若學習者在學習雙語時能對於自身所處的文化情境有所連結，將能使雙語的學習更具有深度的意義。如此一來，學習者不但能更加認識自己國家的文化資產，也能因此增進文化的認同感，在國際上有機會用英語證明自己的國際地位。綜言之，雙語教育是以兩種語言作為教學語言媒介的教育系統，目的在維持原有的母語能力之外，同時並促進外語的學習，使學生能運用兩種語言，建立對不同文化的尊重與包容，增進國際理解。

本書所指涉及「雙語教育」，係指以中文和英語此兩種語言作為教學媒介，進而傳授學科內容知識的學習的一種教育型態。

貳、雙語教育的實施方式

「雙語教育」為在全部或部分課堂時間，以第二語言來進行教學的一種教學模式，其目的在維繫學生的母語能力，確保其學習上之進展，同時又要其熟稔第二語言（Cohen, 1975）。雙語教育是以學習者的本國語言配合社會語言學習的一種教學模式（段慧瑩，2000）。雙語教學顧名思義就是使用兩種語言來進行教學，以臺灣的背景而言，雙語指的就是中文與英文，中文為原來使用的語言，英文為第二語言，意即目標語，指的是除了母語之外，學習者試著學習的另外一種語言。陳純音、林慶隆（2021）指出，世界上有許多國家推動雙語教育，各國國情不同，所發展出的雙語教育取向也就有所差異，常見的有加拿大的沉浸式、歐洲的內容與語言整合（Content and Language Integrated Learning, CLIL）等模式。

雙語教育究竟該如何實施，以下介紹幾個主要的雙語教學實施方式：

一、CLIL 內容和語言整合式學習

CLIL 一詞起源於 1994 年的歐洲，由 David Marsh 與 Anne Maljers 提出，他們定義 CLIL 為以外國語言或第二語言，進行學科教學。CLIL 課程具有雙重目標，讓學生在學習學科知識時，同時習得外國語言（Marsh, 1994）。Marsh, Mehisto 和 Frigols（2010）定義 CLIL 為具有雙重教育目標之教學方法，即指學習學科知識時同時也習得外語。Goris（2019）表示，CLIL 綜合了內容和語言的學習，是一種將主題和外語（主要是英語）同時教授和學習的教育方法，已在大多數歐洲國家發展成為一種非常盛行的創新式教育。CLIL 是一種常見的為解決同時獲得兩種語言的問題而提出的方法技能和內容知識，並已在高等教育中普遍採用教育，尤其是在歐洲國家（Arno-Macia & Mancho-Bares, 2015）。

　　CLIL 教學法是使用不同標的語（target language）來進行其他學科的教學，語言不限於只用英語（鄒文莉等，2018）。簡雅臻（2019）認為，CLIL 教學強調兩個重點目標，一個是領域內容的習得，另一個是與領域相關的目標語。CLIL 課程強調雙軌制，語言與學科內容同樣重要，且兩項評量並重，學生同時學習英語與學科知識及技能，實施的方式具有彈性（廖偉民，2020）。因此，CLIL 教學模式與傳統英語教學法不同之處，在於 CLIL 教學法不是將語言學習與其他學科分開，而是在教學過程中互補互利。CLIL 使得學習者在學習另一種語言時，提升了學習者的自尊和學習動機（Heras & Lasagabaster, 2015），但也幫助學習者在面對語言學習時發展出一種「我做得到」的態度（Marsh, 2000）。總括而言，CLIL 教學法是在使用第二語言或者母語結合外語的情況下內化學科知識，外化語言表達，培養學生運用外語思維來學習學科專業知識的能力，完成強化學生學科思維和認知能力目標的雙重實現（馬志風、歷晶，2021）。而在傳統的學校教育中，各學科皆是獨立存在的，但近年來，愈來愈多教育者提倡將各學科做整合，尤其是將語言結合於其中，而 CLIL 特別強調此方面的整合學習，使得學習日漸多元化，如同全球化般，學習的邊界越來越不顯著。

　　雖然 CLIL 一詞是在歐洲發展起來的，但它可以被視為全球趨勢的一部分，尤其是在使用英語作為教學語言方面（Anna Hurajová, 2015）。因著教育全球化發展，CLIL 教學法被引入臺灣後逐漸得到重視，如今一些學校中的雙語教學和臺灣中小學英語課堂也紛紛實施了 CLIL 教學實踐，並獲得了不少成效。廖偉民（2020）針對 2019 年各縣市公立小學實施雙語課程進行統計，臺北市、新北市、臺中市、臺南市、高雄市、宜蘭縣、苗栗縣、嘉義縣、嘉義市、屏東縣、臺東縣、花蓮縣、澎湖縣、金門縣、連江縣每周皆進行 CLIL 課程。臺北市於 2016 年起，於 6 所國小中試辦

「英語融入領域教學計畫」，將英語課以外部分現有課程轉為以英語授課，每周增加 1 至 2 節學生英語學習的機會，並確保其授課方式不影響原有學習總節數（翁嘉聲，2019）。臺南市推動英語為第二官方語言政策，於 8 所國小試辦 CLIL 雙語教學計畫，為瞭解 8 所國小試辦 CLIL 雙語教學計畫試辦成效，與財團法人語言訓練測驗中心（The Language Training & Testing Center, LTTC）合作，在各試辦學校進行「小學英檢」（GEPT Kids）口試。結果顯示低年級與中年級各項口說能力指標均進步了約 5~8%（自由時報電子報，2018）。

臺灣因為非英文為母語之情境，許多人將英語放在教室裡學習，使得學生在學習英語之後，往往無法應用在教室外的環境中。換而言之，英語學習有時僅能紙上談兵，無法與生活作結合，只是形式上的學習，而非自然使用於日常生活當中，學習成效自然也有限，實為可惜。近來 CLIL 教學法逐漸受到臺灣英語學習上的重視，整合了學科內容與英語學習，期待學習者能夠更高頻率地使用英語，將英語融入學科內容之中，兩者相輔相成，協助學習者獲得學科內容語與英語兩者兼具的學習成效。臺灣採用 CLIL 教學能打破英語課侷限、教學課室藩籬與時數之限制，並能結合任何學科領域來強化英語使用的能力，使得英語能自然地被融入各面向教育體制當中（謝傳崇、沈芷嫣，2022）。因此，CLIL 教學法不但能達到語言學習的目的，更能透過該語言習得新知識，用不同的視角學習學科、發展跨文化溝通能力。

以上得知，CLIL 教學法的理念同時著重語言能力與學科知識，其教學框架主要建立在 Coyle（1999）提出的為「4Cs」原則，即內容（Content）、認知（Cognition）、交流（Communication）及文化（Culture）四個面向。以下分別敘述之：

1. 內容（Content）指的是學習者所習得的學科知識，課程中應當

融入不同的科目內容，焦點不在於基礎語法結構，而在於更深層次的知識的學習，亦即加深學生對該學習領域的精熟度。

2. 認知（Cognition）強調對學習者邏輯思維的建構，培養學習者運用高層次思維技巧學習，激發理解力、分析力和批判性思考力等，並和語言之間取得平衡，產生學習成效。

3. 溝通（Communication）注重的是實際溝通為目標的交流，強調教學者和學習者的互動，且互動過程中使用目標語，達到以目標語溝通之成效。

4. 文化（Culture）為培養學生具備全球文化意識，瞭解他人的文化，與自身文化產生連結與比較，進而學習對他人文化的認知，形成多元文化觀以及培養跨文化溝通之能力。

　　歸納而言，CLIL 教學法為雙語教學模式，不同於全英語授課，強調以學科內容為基礎，語言為媒介，以溝通交流為目的，進而促進文化理解及認同，增進國際化的能力。換句話說，CLIL 教學法協助學習者透過學科內容的學習，伴隨語言來進行文化上的認知發展，是一種強化綜合能力的教學方法。而在課堂中使用英語及中文的比重可依照當時的教學環境、學習者程度、教材等各項因素，由教學者進行調整，故教學者可在 CLIL 教學的運用上發揮較大的彈性，來提供學習者最適合的學習條件。除此之外，CLIL 教學相當重視真實語境下的應用，讓學生能於課堂上處於真實語境中，更有利於學生的活化學習、理解與記憶，跳脫以傳統思維般僵化的語言學習模式，使學生能夠在學科學習的過程中，透過語言的輸出來表達回應與需求，讓學科學習與語言學習同步進行，發揮語言在生活中實踐的意義。也是為什麼 CLIL 被視為可增進學習者現實生活中的溝通技巧，幫助他們在跨文化互動情況下能有效運用。這個優勢可以確保學習者在競爭激烈的全球勞動力市場中佔有一席之地（Wenhsien Yang, 2018）。

二、EMI（English as a Medium of Instruction）全英語授課 模式

全球化的影響下，高等教育日趨國際化，除了注重學生的英語表達能力之外，培養學生具備國際視野以及跨文化溝通能力成為國際教育發展的關鍵。美國著名語言學家 Krashen（1981）認為語言習得最有效的方式，莫過於如同學習母語一般，在自然的情境中學習。因此可知，營造一個全英語的學習環境對學習者的英語學習影響至為重要，全英語的學習環境能夠使學生在如同母語的環境中，培養對英語語感的能力，以自然的方式來學習語言。近年來，「EMI」（English as a medium of Instruction）一詞常被用於高等教育的階段，甚至逐漸朝向國高中階段實行，目的為提高學生的國際競爭力，進而增加國際能見度。臺灣的高等教育階段具有許多來自不同國家的國際學生前來就讀，當這些來自不同世界的國際生進到課堂上課的時候，教學者就必須轉換共同的語言——英語來進行授課，同時我們本地的學生與國際學生皆用英語一同來學習。

值得注意的是，臺灣目前正面臨嚴重的少子化問題。依據教育部推估，2028 年大專校院學生總人數，相較於 2013 年，降幅將達 42.31%（王彩鸝，2016）。故對外國積極招收境外生成為在面臨少子化的衝擊下，一項相當重要的教育策略。許多國內大學意識到此趨勢，紛紛進行培訓師資的規劃，並積極增加全英語授課之課程數。換句話說，高等學府之 EMI 課程開課比例已經逐漸成為大家公認的國際化重要指標（Piller & Cho, 2013）。

使用 EMI 教學法來進行教學的老師基本上不會再著重於英文的教學，因而僅是把英文當作一個媒介來講授這些學科內容課程，此點和 CLIL 雙語教育主要的差別在此。全英語授課存有許多優點，例如增強全球意識、助於跨文化溝通、提升個人的競爭力、增加大學的個別特色等好處。EMI 成了當前高等教育課程改革的一

個重點，也是大專校院學術表現及教學品質的考核標準。

　　另一方面而言，在臺灣的高等教育日趨國際化，EMI 課程亦越來越普遍被推行與使用，但相對的也面臨越來越棘手的情形。根據天下雜誌（2020）報導，全英語授課情形，於大學端推動多年尚有許多努力空間與諸多爭議。筆者本身在教學現場也發現到，臺灣的教育現場中，在使用全英語授課之時，教學者往往要面臨學習者的英語能力落差之處，為使教學內容能夠被學習者理解與吸收，實為教學者之一大挑戰。再者，有些母語非英語的教學者其本身也尚未具備足夠的英語教學能力，以至於學生在理解教授講授課程的過程中徒增了理解上的困難。換句話說，目前國內大專校院在落實英語教學課程時，所面臨到的挑戰之一即為教師全英語教學能力及學生英語能力皆待加強。有鑑於教師於課程的重要性及影響力，過去有學者建議，於廣設全英語授課的科目之前，應先考量授課教師本身的英文程度（曾憲政，2012）。

　　臺灣中小學亦有部分縣市實施 EMI 課程，根據廖偉民（2020）2019 年各縣市公立小學實施雙語課程統計，共有桃園市、臺中市、苗栗縣、雲林縣、嘉義縣、屏東縣、臺東縣、金門縣每周皆進行 EMI 課程。總括以上，EMI 全英語授課的目的為期望能藉此提升本國學生語言能力、促進國際文化交流以及培養具備國際能見度之人才。尤其在高等教育階段，各大學積極地推廣全英語教學，更希望能藉此提升校內學生的競爭力，同時也冀望為學校強化生存的能力，符應全球化的趨勢。然而在 EMI 全英語授課的實施的過程中並非如此容易達標，原因為進行全英語授課的教學者本身在尚未具備充分的英語教學能力條件下，影響了學習者的學習成效。再者，教學現場的學習者之英語程度有著相當的落差，造成教學上不易如預期般的理想狀態存在。另一方面，臺灣的教師在EMI 全英語授課上雖不及英語母語教師那樣輕鬆自若，但因為他

們瞭解本地學生在學習英語上的學習背景及需求，更有機會找到協助學生在英語學習上的有效方法。

三、Immersion 沉浸式教學

　　根據 Met（1993）說明，「沉浸式」一詞構成了一種外語教學方法，即通過外語媒介教授正規學校課程。換句話說，在沉浸式課程中，外語不是作為一門學科來進行教授，而是做為日常學校課程和互動中交流的工具。1965 年，雙語沉浸式課程首先在加拿大魁北克省中的聖朗伯特（Saint-Lambert）城市發展出來，針對以母語為英語的學生，透過以第二語言（法語）來學習其他學科，例如：歷史、數學、藝術等科目（王俞蓓、林子斌，2021）。加拿大使用沉浸式教學來進行英語與法語的教導，原因與其文化背景有關。早期法國人民移民至加拿大，法語因此被移民者帶入了加拿大，後來英國勢力進入，當地人民亦逐漸接受了英語。李憲榮（2002）表示，加拿大的雙語教育可說是歷史背景的影響，為了維繫兩民族所組成的國家，基於現實原則而修改變更。

　　由於適應不同的學習條件及需求，沉浸式課程已經發展出許多形式在世界各國。透過英語沉浸式課程，學科科目可以融入課程，且透過使用英語作為教學媒介。語言與內容融合的英語沉浸式課程，讓學習者能夠在自然且無意識的情形下習得第二語言（Genesee, 1994）。沉浸式課程重視學習環境的營造，目的是希望學生能夠身處於自然的學習環境中來學習學科知識以及第二外語（郭瑾融，2017）。根據 Snow、Met 與 Genesee（1989）表示，有趣的學科內容和課堂活動可以激發學習者的學習動機及參與度，而學習者在自然且不經意的狀態下以語言當成學習的工具。因此，學習者在此情形下便能夠同時習得學科內容和目標語言。換句話說，正規的學科科目並非沉浸式教學的唯一選擇，具吸引力且特別的主

題對學習者而言是更重要且更有相關聯的，而這才是沉浸式教學的主軸。

由於目標語言被認為是一種工具，在沉浸式環境中被使用來學習理解科目的內容。沉浸式課程並非期望學習者能完全像母語者般的表達，在使用目標語言時，其語法和詞彙的錯誤是可以被接受的。學生通常在學習學科領域過程中產生成就感時，才會有動力去學習目標語言。因此，無須針對學習者使用目標語言時所產的想法，鼓勵學習者以他們所學過的語言結構來創造句子，進而在學習的場域中與他們身旁的同儕或是教師以自然的方式來交流。

總括以上，沉浸式教學是將英語作為學習各領域知識的工具，並在教室建立真實、著重溝通的學習情境，讓學生以最自然的方式來使用英語，而非只是注重背誦或抄寫的學科內容。換句話說，沉浸式教學也就是學生完全沉浸在非母語的教學環境之中，讓學習者能夠用最沒有壓力的方式自然地學習第二外語，且課程的設計相當重視學生學習的興趣與需求，教學內容與真實生活相結合，讓學生從「做中學」、「用中學」來習得學科知識與目標語言。推動沉浸式英語教學，使英語不著痕跡地融入學生的學習日常，也讓學生愈學愈有趣，此為臺灣的雙語教育發展中值得關注的一種英語教學方法。臺灣中小學亦有部分縣市實施沉浸式英語教學，根據廖偉民（2020）2019 年各縣市公立小學實施雙語課程統計，共有臺中市、臺南市、苗栗縣、彰化縣、屏東縣、新竹市、嘉義市每周皆進行沉浸式教學課程。

參、雙語教育的實施要素

雖然許多國內外相關研究結果顯示，學習第二語言時，並不會因此而威脅第一語言。然而，臺灣在實施雙語教育上仍然浮現許

多困難點,例如師資、課程與教學設計、學習時數安排等問題(許家菁,2019)。由此可知,若要順利推動雙語教育,必須對於雙語教學的推動層面、品質要素以及有效作法有所瞭解;若是在這些背景及條件皆不熟悉之下推行雙語教育,將極有可能走錯方向、事倍功半。因此,不論是推動雙語政策的政府或是實施雙語教育的現場教育人員,有其必要將所屬國家的文化背景、師資結構、學生程度等等做全面的盤點,進而擬出雙語教育的推行政策,包括實施方式、實施要素、實施品質及有效做法等等。尤其我國的雙語教育政策,更應考量到自己國家的背景因素,而非將其他國家的經驗直接或完全地移植來套用。鄒文莉(2021)指出,國外的模式無法完全符合臺灣教學現場使用,而必須經過調整來發展出屬於自己國家之本土取向。換而言之,臺灣的雙語教育政策必須更符合在地情境的需求。

Hughes(2007)在其研究中指出雙語教學應包含以下層面:

(一)背景脈絡:專業的師資、適當的教材資源。

(二)教師層面:教學經驗、精熟英語、教師的動機、在職教學法及語言的培訓、教學技巧。

(三)學校:學校成員正向的溝通氣氛、課程計畫的合作、自我評鑑。

(四)班級教學過程:適當的計畫、多元教材及教材品質、學生的先備知識、班級秩序與紀律、對學生傳達教學目標、班級的社會情感氛圍、學生參與活動、語言的使用頻率、學生的興趣和動機、師生關係、有意義的學習和對現實的運用、新資訊通訊科技的使用、學生的自主工作、使用英語交流和溝通。

(五)評量的過程:掌控學生進度並評估、作業安排、給予學生回饋、外部測驗的結果、學生在實際交流中使用英語的能力。

根據以上,雙語教育推行時須顧及到許多大大小小的層面,

最初的雙語教師培訓相當重要，須由第一線的教師理解並懂得如何將雙語教育真正的實現出來，故教育主管機關應盡善盡美地建置師資的培訓系統。教育部與師資培育大學不應僅是期待師培生們在欠缺全英或雙語師培課程學習經驗的情況下，能在投入教職後即可進行高品質的雙語教學。他們亦須避免僅是樂觀地假設這些未來的教師們在教學上因為有外籍師資的搭配，而皆能「在工作中學習」（Wang & Lin, 2014）。因此，教育主管機關應鼓勵臺灣各師資培育大學提供師培生更多全英及雙語授課的課程供其修讀，輔助師培生在未來投入教職時能更順利接軌雙語教學。由此可知，探討師資培育對於雙語教育的推動有其必要性。

　　學校端成為推動雙語教育的一大助手，應凝聚共識，將學校內部及外部資源重新盤點，研擬出適合該校或是該班的雙語教育計畫。Suarez-Orozco & Suarez-Orozco（2001）分析並歸納了推行雙語教育學校的共同特點，發現學校與社區的配套措施與支持系統非常重要，例如：將英文表現不如預期的學生學習需求納入考量、提供積極友善的校園學習環境、應聘能使用雙語進行溝通的教職員、尊重學生群體的多元文化特質等等。吳佩珊、熊同鑫（2020）亦提到學校在發展雙語教育之時，應將在地文化納入考量中，彰顯屬於自己的社區在地文化。根據林子斌（2021）表示，臺灣推動雙語教育可參考「沃土模式（FERTILE）」，緊扣每一個關鍵的推動層面，發展出屬於臺灣的一條雙語道路。沃土模式有七項，分別為：雙語教育推動需有彈性（Flexibility）、雙語推動必須以環境建置為主（Environment）、學校內「角色典範（Role modeling）」效應、給予推動雙語教育充分之時間（Time）、課室教學之原則（Instructional strategies）、雙語教學時對學生學習之關照（Learning needs analysis and differentiated instruction）、所有人的投入（Engaging stakeholders）。從沃土模式來看，學校在推動

雙語教育扮演了一個相當重要的角色。校內的行政主管應以身作則，建置學校內良好的雙語互動環境，創造學校雙語教育計畫與模型，成為推動雙語教育的模範，引領校內的教職員一起投入雙語教育，達到角色典範的效應。唯有學校領導者有效領導及管理，才能激起教師及行政人員的共識，一同致力發展學校的雙語教育。再者，雙語教育絕對不是校內僅規劃幾節雙語學科課程，就可以使學生成為雙語者。而是校內所有教職員工都應該使用雙語，甚至連家長都需投入，讓學習者在具有雙語的環境中自然地學習。

在推動雙語教育之時，課程的規劃亦相當重要，因此即為學生所直接接觸的層面，課程設計符合學生需求，方有所成效；真正實施時的班級學習況狀值得教學者留意，須密切掌握教學現場的一動一靜，找出最符合學生的學習氛圍。課堂中教師亦需適時運用英語與學科之間的搭配，故教師在實施雙語教學之前，必須對於課堂中所欲教授給學生的課程內容有所掌握，思考如何將學科內容與英語互相搭配，協助學生進行理解。課堂最後的檢驗極其重要，該用哪種評量來確認學習後的質量，則為推動雙語教育的重點之一。

此外，家長參與亦是影響雙語教育推行的一個重要因素。Perna & Swail（2000）指出，影響雙語教育計畫推動的有效性有以下幾項：

（一）人力資源。

（二）學校教師及行政部門對雙語教育的共同願景、使命和目標。

（三）家長參與學校端的事務以及雙語教育的推行。

投入雙語教育之實踐是身處於教育體系中的師長們的責任，若有家長越多人的參與，於未來生活中皆是協助學生成功的重要關鍵，學生可以因此受益。丁怡文（2004）認為，學校辦理雙語教育相關的成果發表會並邀請家長參與之，將具雙語教育宣導成效。張

靖筠（2006）表示家長具有自己的定見極其重要，且須在參考各方建議時要能尊重孩子的個別差異其獨特性，找出對孩子最適合的雙語學習方式。根據 Tabatadze（2008），家長的介入是實施雙語教育計畫成功的重要因素，因為他們可以極大地影響雙語教育的政治局勢，並確保少數民族參與這些教育的情形。換句話說，家長的參與，成為提高雙語教育計畫質量的有效機制。另一方面，家長的教育及參與是社會資本的一部分，這對少數民族不僅在教育上或是未來生活上取得成功上，具有極大的助力（Perna & Titus, 2005）。

歸納綜合以上，我們可得知，影響雙語教育推動的因素大致可分為學校、教師、課程、學生、家長、社區等層面，非僅為教室內擔任教學的教師來執行雙語教育。很多人都以為雙語教育就是將課程變成英語授課而已，但其實不然，雙語教育的意義和執行上，還需要包括雙語校園的建立、學校行政端的配合與引導、教師不斷的精進與升級、課程的內容充足、學生的參與度高、家長的共同齊心合作、社區的在地經營，雙語人才的培育才有機會真正成功。

就雙語教育推動而言，學校的文化背景以及所展現的行政領導更是一個大方向，除了協助校內的雙語教育推動之外，亦必須有一套自我檢核的評鑑方式，針對各校不同的雙語教育推動政策和實施成效來做檢視。而校內的教師扮演的角色為雙語教育的執行者，故教師本身所具備的先備知識以及本身的教師素質也深深影響了學生的學習，教師對雙語教學的掌握度充足，自然也將協助學生吸收更多的雙語內容。另一方面，透過什麼樣的雙語教材語課程內容也決定教育現場的學生能獲得什麼樣的學習成效，找到最適合學生的學習素材亦將影響學生的學習。當雙語課程吸引學生的學習興趣，學生參與課堂活動的意願和動機也就相對提高。最後，家長亦扮演了一個重要推手的角色，家長參與雙語教育對孩子的學習具有相輔相成的效果。家長可協助孩子在學校所學的雙語延續及落實到家

中，和孩子一起成長，將是在雙語教育上的一大助益。簡而言之，雙語教育可說是親、師、生必須共同修習的學分。

肆、雙語教育相關研究

　　本書之主題是針對「雙語教育」且以「國民中小學」為研究對象。為瞭解雙語教育發展趨勢，筆者以國家圖書館臺灣博碩士論文查詢系統，以「雙語教育」為主題與關鍵詞查詢 2010 至 2021 年相關博士論文研究，共有十四篇論文與本書主題有相關之研究，如表 2-2-1：

表 2-2-1　2010 年至 2021 年國內外雙語教育碩博士論文

編號	研究者	研究主題	研究對象	研究方法	與研究相關之研究發現
1.	祝實蕙（2010）	學齡前雙語教育對國小低年級學童學習成就之影響—以臺北縣新莊市某國小為例	臺北縣新莊市某國小三年級	問卷調查法、OLS 普通最小二乘法	學童學齡前雙語教育經驗對學習一年後及兩年後之學習成就除英語成績具有顯著影響；在性別差異上，女生的學習成就均高於男生；學童有無兄姐及是否與父母同住對學習成就的影響，在學習一年後有顯著影響；家庭所得對學習成就影響較不顯著；家庭社經地位對學習成就則呈現顯著正面影響。

表 2-2-1　2010 年至 2021 年國內外雙語教育碩博士論文（續）

編號	研究者	研究主題	研究對象	研究方法	與研究相關之研究發現
2.	張明雅（2010）	提升幼兒雙語教育品質—以嘉義市諾爾堡幼教機構為例	本園所之家長	實證調查與分析、因素分析、問卷、卡方檢定、層級分析法	1. 親師互動關係、軟硬體、師資與設備、課程活動、行政影響了幼兒雙語教育品質。 2. 家長之教育程度、家長之職業、家長之居住區域、家庭結構等本書之衡量指標呈顯著相關。
3.	何臥龍（2017）	「德法文理中學」推行雙語教育相關規劃之個案研究—以德國弗萊堡中學為例	弗萊堡德法文理中學（DFG Freiburg）	文件分析法、訪談法	1. 雙語教學除了語言教學，更強調以語言作為學習工具，進行認識夥伴國文化、與夥伴國人士互動。 2. 雙語教育強調：循序漸進的學制設計與課程安排、對課時細微的調整以強化學生學習成效、各科目能力分組教學、以母語教學並調整教學節奏、安排多樣化的課外活動、培養對夥伴國文化之理解與尊重。

表 2-2-1　2010 年至 2021 年國內外雙語教育碩博士論文（續）

編號	研究者	研究主題	研究對象	研究方法	與研究相關之研究發現
4.	王蓓菁（2020）	以 CLIL 雙語教育模式實施國小低年級數學領域教學之行動研究	研究者任教班級之二年級學生，全班男生 16 人、女生 13 人，共計 29 人	行動研究	1. CLIL 教學靈活，可搭配教室情境進行，如觀看英語教學影片、具體操作等多模式教學。 2. 透過學習（研讀手冊、請教專業教師、上網搜尋資料）來增加教師專業成長。
5.	連姿婷（2020）	桃園市公立國民小學雙語教育實施現況之個案研究	以個案學校之行政人員以及四位教師	訪談法	1. 雙語教學創新計畫需逐步找到其定位與實施方向，持續調整與修正，日後發展其固定的實施模式與方向。 2. 雙語教育需依照學生的學習情形調整教學的步調、教學方法和評量方式，並以多元的方式進行教學、評量。 3. 教師研習、排課協調、教科書之篩選與採購、教學空間設計與規劃、強化與家長之間的協調溝通等為雙語教育重要之推行事項。

表 2-2-1　2010 年至 2021 年國內外雙語教育碩博士論文（續）

編號	研究者	研究主題	研究對象	研究方法	與研究相關之研究發現
					4. 學校安排師資進行補強教學，盼能縮短學生之間的差距。
6.	曾雅淑（2021）	國際接軌與雙語教育政策因應：以南科實中國小部為例	國立南科實驗高級中學國小部職員及家長，共16 位受訪者	文獻分析、訪談調查法	1. 家長配合及共識是推行雙語教育的良好資源。 2. 教學現場擁有特殊優勢資源，如實驗中學北中南跨校學習、個案家長背景、學生組成來源等。 3. 素養教學的轉變與在地融合與雙語教育互相搭配。
7.	李茂琪（2021）	國小英語教師實施雙語教育歷程之個案研究	研究者任教之新北市某公立國民小學內之三名外籍教師、二名教務主任	訪談法	1. 雙語實驗課程需進行滾動式修正。 2. 實施雙語教育時應建構領域螺旋式鷹架及採用多樣化教學。 3. 建立完整雙語教育教學架構有其必要性，師資須先課程前給予訓練，再實施雙語教學。
8.	阮姿涵（2021）	臺灣與越南家長對雙語教育的態度之比較研究	217 名來自臺灣和越南的家長	問卷隨機抽樣	1. 不同教育程度或職業的臺灣家長對於雙語教育都持高度贊同的態度，也期

表 2-2-1　2010 年至 2021 年國內外雙語教育碩博士論文（續）

編號	研究者	研究主題	研究對象	研究方法	與研究相關之研究發現
					望政府能早日實施雙語教育。 2. 不同教育程度或職業的越南家長對雙語教育都表示很積極的態度，也期望政府能早日實施雙語教育。
9.	張雅喬（2021）	臺中市國民小學教師對雙語教育政策認知、執行與困境之研究	使用雙語教學模式授課於藝術、生活課程、綜合活動、健康與體育等領域之雙語教師	訪談法、問卷調查法	1. 約六成的雙語教師主修「教育與語文類」之相關科系。 2. 教師對於雙語教育政策認知的「政策目標與理念」認同度高。 3. 教師對於雙語教育政策執行的「資源方面」認同度低。 4. 教師對於雙語教育政策執行困境的「師資與課程」及「教學現況」感到相當高的困難程度。 5. 受訪之雙語教師執行雙語課程所面臨的共同困境為：與領域教師共同備課的時間難搭配、雙語教育的教學資源

表 2-2-1　2010 年至 2021 年國內外雙語教育碩博士論文（續）

編號	研究者	研究主題	研究對象	研究方法	與研究相關之研究發現
					不足、雙語教師師資缺乏、行政人員的支援不足、實施評量耗時且有失客觀。 6. 教師的個人背景變項對雙語教育政策的認知、執行與困境有其差異。
10.	張鎮山（2021）	國民小學推動雙語教育班策略之研究：以桃園市某公立國小為例	個案學校之校長、教務主任、雙語教育班導師及雙語教育班的家長	半結構式訪談	1. 個案學校雙語教育班之推動，其雙語時數、內容及師資均呈現持續穩定增加之情況。外師的導入、沉浸式的雙語學習環境、創造虛擬學習環境（AR, VR）、親師生三方合作、舉辦英語精進工作坊、學校行政團隊由上到下同心齊力等皆是影響成效之因素。
11.	高麗鳳（2021）	臺北市公立國民小學實施雙語教育現況與影響因素之研究	臺北市公立國民小曾參與雙語教育相關計畫的教育人員21 所學	資料蒐集、問卷調查、深入訪談、文件分析	1. 雙語教學多從一年級開始；課堂上最多使用「教室用語及學科專有名詞使用英語，其他教學過程採中文」英語的方式；教材最多

表 2-2-1　2010 年至 2021 年國內外雙語教育碩博士論文（續）

編號	研究者	研究主題	研究對象	研究方法	與研究相關之研究發現
			校，共計 147 位受試者		採用「坊間教科書、自編教材及教育局編撰雙語教材均有部分使用」的方式；「實作評量」是最常用評量方式；雙語教學共備小組成員以「英語教師」為主，進行課程共備會議。 2. 不同背景變項教育人員對實施雙語教育影響因素向度認同程度有所差異。 3. 不同職務的教育人員對實施雙語教育影響因素之「師資培訓」及「教材研發」二個向度的看法有顯著差異。 4. 不同最高學歷與服務年資的教育人員對實施雙語教育影響因素整體暨各向度看法無顯著差異。 5. 盤點校內各項資源、課程規劃以雙語教師專長為主、英語能力維持 CEF 架構 B2 以上認證、

表 2-2-1　2010 年至 2021 年國內外雙語教育碩博士論文（續）

編號	研究者	研究主題	研究對象	研究方法	與研究相關之研究發現
					教師跨域共備、中英雙語使用時機無特定比例、課程採內部自我評鑑方式，學習成效採實作評量，皆為實施雙語教育之影響因素。
12.	梁雨薇（2021）	雙語教育政策下雙語教師的工作壓力之研究—以桃園市雙語國小為例	七位任教於桃園市雙語國小之雙語教師	半結構式訪談法	1. 雙語教師的工作內容可分為教學準備、教學授課、與外師協同、行政支援、辦理雙語活動、參加雙語會議及研習等。 2. 雙語教師的工作壓力來源自教學業務外的壓力；跨領域教學的壓力；與外師協同教學的壓力；參與行政雙語會議的壓力；對雙語角色期望的壓力。
13.	蘇喜慧（2021）	影響雙語教育執行成功與否的因素及其執行策略—以臺北市某國際學	此國際學校法國部小學部雙語教學的教職人員共 25 位、	文獻探討、資料蒐集、訪談、問卷、日誌	1. 影響雙語教學成功與否的因素為：依學生學習狀況彈性調整雙語課程和教學課綱、創造多元雙語學習環境、置

表 2-2-1　2010 年至 2021 年國內外雙語教育碩博士論文（續）

編號	研究者	研究主題	研究對象	研究方法	與研究相關之研究發現
		校英法雙語教育為例	行政人員共 25 位		入語言老師和建置跨領域教師的合作關係。 2. 雙語教學所面臨的困難和挑戰為：學校行政運作模式必須做全面改造、教師間的分工合作關係之建置、輔導不具目標語言能力的學童和有限的教學時數。 3. 相較單語學習者，雙語學習者更具備「溝通能力」、「適應能力」和「開放的心胸及創造力」。
14	彭云（2021）	雙語教育之教學信念與教學行為之研究—以高雄市偏鄉國民小學英語教師為例	高雄市偏鄉國民小學英語教師	問卷調查法、敘述性統計、t 考驗、單因子變數分析及 Pearson's 積差相關	1. 不同性別影響教學行為整體與教師角色構面：男性在教學行為整體與教師角色構面上之達到率高於女性。 2. 不同職務的教師影響在教學信念中的教材教法構面：導師兼英語對雙語教育之教學信念認同度最高，其次為英

表 2-2-1　2010 年至 2021 年國內外雙語教育碩博士論文（續）

編號	研究者	研究主題	研究對象	研究方法	與研究相關之研究發現
					語科任兼行政，而英語科任對雙語教育之教學信念認同度最低。

資料來源：筆者自行整理

　　歸納分析上述表 2-2-1 之國內外雙語教育相關研究，可得知影響雙語教育的推行或實施，可歸納幾個影響之因素，以下分述說明之：

影響雙語教育實施之因素

　　影響雙語教育實施與成效的關係利害人有許多，舉凡學校職員、家長、社區、學生等等，皆是值得探討的層面。

學校教職員

　　1.教師

　　師資、課程活動影響了雙語教育的品質（張明雅，2010）；課程安排教師對課程的彈性調整、以母語教學並調整教學節奏、安排多樣化的課外活動為雙語教育實施重點（何臥龍，2017）；教師搭配教室情境進行多模式教學可增進雙語教學成效、教師需進行教師專業發展（王蓓菁，2020）；雙語教育需依照學生的學習情形調整教學的步調、教學方法和評量方式，並以多元的方式進行教學與評量（連姿婷，2020）；師資培訓有其必要性（李茂琪，2021）；教師在進行雙語教學時需有共同備課的時間以及行政的支援（張雅喬，2021）；教師與家長及學生三方合作、參加英語精進工作坊將有助於雙語教育成效（張鎮山，2021）；教師的英語能力、跨域共

備、課程操作方式等，皆為實施雙語教育之影響因素（高麗鳳，2021）；雙語教師的工作壓力受到教學業務外的壓力、跨領域教學的壓力、與外師協同教學的壓力、參與行政雙語會議的壓力、對雙語角色期望的壓力所影響（梁雨薇，2021）；教師需依學生學習狀況彈性調整雙語課程和教學課綱、創造多元雙語學習環境、建置跨領域教師的合作關係（蘇喜慧，2021）。

2.行政人員

學校行政影響了雙語教育品質（張明雅，2010）；學校需要提供雙語教學創新計畫，逐步找到其定位與實施方向，持續調整與修正，日後發展其固定的實施模式與方向（連姿婷，2020）；學校需提供教師專業的培訓（李茂琪，2010）；學校行政團隊由上到下同心齊力等皆是影響成效之因素（張鎮山，2021）；學校需盤點校內各項資源，並對課程採內部自我評鑑方式來協助雙語教育的實施（高麗鳳，2021）；行政支援與雙語教師需互相搭配（梁雨薇，2021）；學校行政運作模式必須做全面改造（蘇喜慧，2021）。

3.父母

父母是否與孩子同住、家庭社經地位影響了孩子的學習成就（祝實蕙，2010）；家長之教育程度、家長之職業、家長之居住區域、家庭結構影響了兒童在雙語教育發展的品質（張明雅，2010）；家長與教師之間的協調溝通為雙語教育發展的重要事項（連姿婷，2020）；家長配合及共識是推行雙語教育的良好資源（曾雅淑，2021）；不同教育程度或職業的臺灣及越南家長對雙語教育都表示很積極的態度，也期望政府能早日實施雙語教育（阮姿涵，2021）；親師生三方合作影響雙語教育成效（張鎮山，2021）。

4.社區

教學現場擁有特殊優勢資源，如實驗中學北中南跨校學習，

將影響雙語教育實施成效，另在地融合與雙語教育必須互相搭配（曾雅淑，2021）。

5.學生

學生的年齡、性別差異、有無兄姐及是否與父母同住等影響了雙語教育的學習成就（祝實蕙，2010）；循序漸進的學制設計與課程安排、多樣化的課外活動，將引起學習動機（何臥龍，2017）；學生與教師及家長三方合作將有助於雙語教育成效（張鎮山，2021）；多元的雙語學習環境提高學生學習動機（蘇喜慧，2021）；雙語學習者比單語學習者更具備「溝通能力」、「適應能力」和「開放的心胸及創造力」（蘇喜慧，2021）。

綜合歸納以上之文獻分析可得知，影響雙語教育之因素眾多，包括學校教職員透過什麼樣的方式來推行雙語教育？家長投入哪些層面影響孩子學習雙語教育的成效？社區需與雙語教育進行何種搭配？學生本身具備的學習條件以及學習態度是什麼？這些層面與雙語教育具有緊密的連帶關係，相互交叉影響著彼此。因此，透過家長、教師、教職員等對象，進行半結構式、深度、電訪等形式的訪談，蒐集他人對雙語教育的觀點、看法或感受，具有研究雙語教育的參考價值。

以上歸納出之影響雙語教育實施之因素可作為本書參考，為瞭解國中小階段雙語教育的指標建構，首先針對以上已歸納出的雙語教育策略指標進行學者專家焦點團體座談，以協助找出合適的雙語教育策略指標；再者透過模糊德懷術，根據已初步擬出的指標來進一步蒐集學者專家的專業意見，再就專家之意見加以蒐集、組織，以獲得較為一致性的答案；其次，將進行權重分析，找出影響雙語教育策略指標在整體評價中的相對重要程度。

第三節　教育指標之建構

　　本章旨在探討指標的定義、指標的特性與分類、指標的建構模式以及指標測量之相關研究。依據文獻探究、學者專家小組焦點團體座談、模糊德懷術專家意見調查建構雙語教育指標及權重，期能瞭解我國國民中小學符合雙語教育策略指標之現況。

壹、指標的定義

　　指標是指預期中打算達到的指數、規格、標準。為觀察現象的參考值，具有指示作用，藉由其統計測量後所產生的內容，用來瞭解、分析、引導，以及判斷某一抽象事物在質量上的優劣以及差異程度，作為某項決定的準則或規準。指標的建構乃是透過資料的蒐集及分析過後，化繁為簡、統整後呈現出完整的概念及該現象的最重要的價值。

　　針對「指標」的定義，國內外學者有以下不同的看法：

　　蔡金田（2006）認為指標是一種統計測量，是一種決定或判斷的準繩或量尺，且可作為不同時間或地區的比較，以瞭解其變化情形或相對地位，並能發出適切聲音作為相關政策之執行成果與檢討。

　　葉蕙芬（2009）認為指標是一種簡化的形式代表另一事物或概念，該形式可為符號、文字或數量等，其目的在於能御繁化簡，清楚表述，是一種價值判斷、問題診斷、結果評價的工具，協助吾人用以判斷並描述所要理解之抽象事物或概念的優劣狀況。

　　陳映如（2015）認為教育指標具有特定教育理念，且以一種扼要的符號、文字或數據等方式呈現，以利對於某些存在的特定現象或問題，進行價值判斷、問題診斷、結果評價與解釋預測。

　　根據經濟合作發展組織／發展援助委員會（OECD ／ DAC）的說法，指標是定量或定性的因素或變量，是一種簡明和可靠的方法，用來測量活動的成果，反映與活動相關的變化，或用來評價活動主體的績效（DAC Glossary of Key Terms in Evaluations, May, 2002）。

　　根據歐盟委員會（The European Commission）的說法，指標為對計畫目標的數量、品質、標的群、時間和地點的描述（MDF Tool, 2005）。指標的類型可分為「量的指標」（Quantitative Indicators）或「產出指標」（Output Indicators），以及「質的指標」（Qualitative Indicators）或「成效／表現指標」（Outcome / Performance Indicators）（M&E studies, 2019）。

　　Lewin（2015）說明，指標具有許多不同的目的及特色，且指標必須與有邏輯性的與目標、目的以及對象連結。此外，指標被用來決定所欲探討的目標及目的，換句話說，指標能夠決定目標及目的達成的結果。

　　Barrett 與 Sørensen（2015）指出，當指標是淺顯易懂的並且由不同層面的專家制定：包含教育專家、公民社會運動家，那麼指標將會較具備影響力，亦會獲得較廣大的社會支持。

　　綜上所述，指標的概念應歸納為「透過統計測量，御繁化簡，將所要觀測的狀態或現象，歸納出特定現象相關資訊之量度，或將欲觀察的狀態具體化的結果，作為衡量事物質或量的一種指引，達成相關政策所期待之效果、成本與效益」。換句話說，指標是綜合相關性質的參數後，獲得代表此狀態的重要資訊，為一準則依據。指標在不同的環境條件下具有相當多元的面向，若能適當將指標歸納出一些參考指引，將有助於釐清問題、瞭解現況，並能藉由指標所顯示的資訊，對政策或是計畫研擬出未來發展方向，以提供執行成果之檢討。

　　本書欲瞭解臺灣國民中小學實施雙語教育策略指標，透過指標之建構，冀望歸納統整出具有參考價值的雙語教育推行之指標內容，利於後續各校推行時能更具體有自評工具進行確切評估，並作為日後雙語教學能力精進之參酌。

貳、指標的特性與分類

　　指標的存在意義在於提供一種指引，呈現出規準的重要性，才能提供衡量面向的重要表現為何。故充分瞭解指標的特性，方能建構適當的指標，進而檢視計畫或是政策的品質所在。Johnstone（1981）認為指標可分為量化指標（quantitative indicators）與質性指標（qualitative indicators）兩種，其中量化指標可反映出一個可數值化的結果，而質性指標可用來確認數量的相對卓越程度。

　　Johnstone 亦指出指標具有以下五個特性：

　　一、指標能指出普遍的狀態，但未必具有高度的科學精確性。

　　二、指標在整合相關變項的概念與意義，以呈現出制度的縮影。

　　三、指標是可量化的數字，應依照所建構的原則，解釋其意義。

　　四、指標是理論發展的起點，經操作型定義轉化形成可測量的變項，藉蒐集的資料所建構的指標，可為理論研究奠基。

　　五、指標數值的適用性是短暫的，會隨著時間的變遷而有所變動。

　　孫志麟（1998）認為教育指標具有以下三個特性：

　　一、教育指標為一量化數據：用來代表某一教育現象的狀態。

　　二、教育指標為一般性指引：顯示教育系統的特徵、表現或

是健康情形。

三、教育指標是相對而非絕對意義：具有中性的特質。

Lewin（2015）指出，指標具有以下八個特性：

一、有用的指標通常只有一個代表改進的方向。

二、指標值的差異在統計意義上可能是顯著的。

三、組間的差異通常遠小於組內的差異。

四、指標值變化的原因可能很複雜。

五、具有多個組成部分的綜合指標通常存在著歧義。

六、沒有任何東西可以測量而沒有錯誤。

七、無論識別出何種指標，都必須根據其所能達到的精確度對其進行評估。

八、緩慢變化的參數使目標進展的短期指標很差，看不出太大變化，且測量誤差範圍加劇了這些困難。

由上歸納可知，指標是一種相對的概念，為一量化數據，它所處理的是可測量的現象，是一種訊息的摘要，反映出現象或政策的重要層面，表現出各變項之間的關聯性。此外，指標代表可以改進的方向，影響指標的因素眾多，有時也具備誤差的可能性，但無論識別出何種指標，建議必須進行多方評估。再者，指標數值的適用性是短暫的，會隨著時間的變遷而有所變動，因此指標必須持續地維持探討與修正。在進行任何指標的建構時，指標選取的規準相當重要，原因為了讓指標的內容有所依循。

參、指標的建構模式

「指標」的運用有越來越普遍的趨勢，其重要性常被公司行號、政府機構或是學術研究所採用參考。郭昭佑（2001）指出指標的建構初步是對現有相關指標作選擇。指標的意義在於建立一套檢

視質和量的指引，進一步檢核單位中能夠精益求精的部分，提供更聚焦的改進或是提升品質的方法。

　　在不同的背景或是條件之下，指標具有不同的建構模式。根據孫志麟（2000）提出，教育指標共有五種概念模式，即系統模式、演繹模式、歸納模式、問題模式與目標模式，每一種模式對於指標的建構都具有其意義與貢獻度，同時，模式的不同代表亦有其限制之處，以下則依此五種模式加以闡述之：

一、系統模式

　　主要是以教育生產力理論作為基礎，強調教育輸入、過程及輸出的指標模式，企圖探討各指標間的關聯，以檢證教育生產力理論的適用性。

二、演繹模式

　　為採取「由上而下」的分析架構，在發展指標之前，要先確定目標主題，到主要領域，再到指標項目的選擇，逐步形成階層結構，藉由選取的指標構成完整的指標構面，聚焦在目標主題。

三、歸納模式的建構取向

　　以現有的統計資料為基礎，將之歸納成接近理論模式的體系，此建構方式較強調現有教育統計資料的整合，可稱之為實務取向的概念模式。

四、問題模式

　　此以實際的教育問題為考量，此模式重視教育指標與教育問題的結合，並不企圖指出指標間的因果關係，其建構出來的教育指標，可作為教育改革依據。

五、目標模式的分析架構

此以教育政策為著眼，選取與政策目標有關的指標，並未觸及與教育結果有關的投入資源及運作過程，同時也不強調指標間的因果關係，可用來評估目標達成的程度，作為教育決策依據。

指標的設計方法可透過分解目標的形式，將目標區分出為若干個主要指標，每一個主要指標再區分出為若干個可測的二級指標，或是三級指標，進而構成一個完整的、可測的評鑑指標系統。Oakes（1986）採取範圍分類模式，依指標所涵蓋範圍可分為全國性、區域性及地方性等三種指標；Cuenin（1987）則以內容分類模式區分，將指標之內容區分為教學、研究、推廣服務、行政、財務課程……等類別；Windham（1988）將指標以系統作分類，依系統之歷程，分為輸入、過程、產出或成果等指標。MCI（Management Charter Initiative, 1995）在因應未來組織任務所發展出的高級管理標準中，將組織重要角色之能力分成「層級（level）—單元（unit）—因素（element）」三個層次。潘慧玲、王麗雲與簡茂發等（2004）在研究中，將指標系統架構分為「層面—向度—指標」三個層次；蔣東霖（2017）則採取「層面—向度—指標」以建構指標系統。趙士瑩（2018）將指標系統架構分為「層面—向度—指標」三個層次。

綜上可知，指標建構的模式，依照不同的分類而有所差異，若事先就目標之性質予以判斷與分析後，再依據適當的分類方式進行指標分析，將有助於運用指標來檢核預期目標之成效。根據以上不同研究者之指標系統架構分析，指標系統架構大致可分為三個層次，由上至下依序，第一層為層面（或層級、構面），下一層為向度（或項目、單元），最後一層則為指標，本書將採取三層次建構國民中小學雙語教育策略指標。

肆、指標測量之相關研究

指標在教育領域上佔了舉足輕重的地位，它協助人們瞭解教育現況、找出教育上的疑難雜症、提供提升教育績效的方向。以教育指標而言，指標的建構能夠找出教育系統中重要的具體項目，另一方面亦能評估教育實行的具體成效。

筆者在閱覽近幾年來國內相關指標相關研究後，將其指標測量方式整理於表 2-3-1。

表 2-3-1　國內指標體系建構之相關研究彙整表

研究者	研究內容	指標建構方法
劉雲傑（2011）	國民小學永續學校指標建構與實證分析之研究	1. 文獻分析 2. 德懷術 3. 問卷調查
蔣東霖（2017）	國民中小學校長通識素養指標建構與實證分析之研究	1. 文獻分析 2. 德懷術 3. 問卷調查 4. 階層分析法
施皇羽（2017）	高等教育顧客導向行銷策略指標建構與實證分析之研究	1. 文獻分析 2. 德懷術 3. 問卷調查
趙士瑩（2018）	國民中學兼任行政教師行政專業能力指標建構與實證分析之研究	1. 文獻分析 2. 德懷術 3. 階層分析法 4. 問卷調查
黃世隆（2020）	高中學校教學圈指標及權重系統建構之研究	1. 文獻分析 2. 模糊德懷術 3. 層級分析法
易秀枝（2021）	高級中等學校學群科中心課程與教學輔導成效指標建構之研究	1. 文獻分析 2. 模糊德懷術 3. 階層分析法

表 2-3-1　國內指標體系建構之相關研究彙整表（續）

研究者	研究內容	指標建構方法
王孝維（2022）	國小校長韌性領導指標建構之研究	1. 模糊德懷術 2. 層級分析法
石宜正（2022）	技術型高中學校行銷策略指標建構之研究	1. 文獻分析 2. 實務專家訪談 3. 問卷調查法 4. 模糊德懷術 5. 階層分析法
林驛哲（2022）	公立國小學校型態實驗教育評鑑機制與指標建構之研究	1. 文獻分析 2. 問卷調查法 3. 德懷術 4. 層級分析法

資料來源：筆者自行整理

　　根據表 2-3-1 所示，有關指標建構的測量方法，在最初擬定指標階段多為文獻分析法，蒐集相關文獻來進行探討；指標修訂階段多以問卷調查法及德懷術（Delphi Technique）為主，經由徵詢專家意見，分析後選取適用指標；最後的指標權重計算採用層級分析法，將複雜的東西予以簡單化，以建構指標權重。

　　根據王文科、王智弘（2020）表示，德懷術是一種尋求群體共識的過程，係針對某一主題設計問卷，請一組專家或稱德懷術小組表達其意見，接續就專家之意見加以蒐集、組織，以期獲得團體成員一致的看法。換而言之，德懷術可說兼具量化與質性的研究整合，可運用在擬訂計畫的過程中，針對設定的議題，不斷以匿名書面的方式，結合多數專家的專業意見，以獲得比較一致性的答案，進而解決複雜議題。此為一種能有效地讓專家們運用專業知能來處理一件複雜的事物，以評估現狀、規劃未來、提升政策品質之用（Linstone & Turoff, 1975）。

　　本書將運用模糊德懷術方式進行教育指標之建構，首先經由雙語教育策略之相關文獻分析來探討建構指標系統層面；接著根據舉行學者專家焦點團體座談來建構指標系統；編製德懷術問卷，透過學者與實務工作者之諮詢與討論，篩選出雙語教育實施策略中重要的指標，進而建構雙語教育策略指標；最後，配合問卷調查與指標系統實地應用等研究方法進行探究，以瞭解雙語教育策略指標在教育現場之應用情形。

　　再者，參酌上述不同指標建構模式之後，本書之指標系統將採取「層面－向度－指標」三個層次，屬於由上而下演繹模式之分析架構，尋求雙語教育策略的主要領域，再到細項的指標項目選擇，進而構成完整的指標構面，形成本書雙語教育推行策略的指標，進而建構一個具理解性、有效性、完整性、可操作性、實用性的指標系統。

第四節　雙語教育策略指標之建構

　　根據文獻探討之內容歸納出影響雙語教育推動的因素有眾多，分別反映在不同變項當中，其顯示的研究結果亦也有所不同。本節欲將上述所有雙語教育相關之文章、論文、期刊等文獻進行歸納整理，研擬出影響雙語教育策略指標之雛形。根據統整歸納後，分為「層面」、「向度」與「項目」三層面，茲說明如下：

一、層面

　　經由文獻探討，同時歸納學者論述，將影響學校推行雙語教育的層面分為行政管理（Perna & Swail, 2000；Suarez-Orozco & Suarez-Orozco, 2001；Hughes, 2007；連姿婷，2020；林子斌，2021；黃琇屏，2021；葉若蘭、翁福元，2021）、課程教學

（Coyle, 1999；Suarez-Orozco & Suarez-Orozco, 2001；何臥龍，2017；王蓓菁，2020；李振清，2021；林子斌，2021；鄒文莉，2021；葉若蘭、翁福元，2021；鮑瑤鋒，2021；蘇喜慧，2021）、教學環境（Krashen, 1981；Suarez-Orozco & Suarez-Orozco, 2001；王蓓菁，2020；郭彥廷，2021；張鎮山，2021；楊怡婷，2021；楊瑞濱，2022）、學生學習（Snow, M.A., Met, M., & Genesee, F., 1989；Coyle, 1999；張靖筠，2006；Hughes, 2007；廖偉民，2020；高麗鳳，2021）、家長與社區參與（Perna & Titus, 2005；張靖筠，2006；Tabatadze, 2008；阮姿涵，2021；曾雅淑，2021）等五個層面，此五個層面包含校內及校外的影響因素。

本書歸納出影響雙語教育推行共包含五個層面，分別為行政管理、課程教學、教學環境、學生學習、家長與社區參與。此五個層面分述如下：

（一）行政管理：為學校建置整體的雙語環境，從校長樹立典範、建立願景，學校內各單位及行政人員皆有共識，共同營造校園雙語環境，並協助提供給教師們進修的機會。

（二）課程教學：此則與教師息息相關，教師知能必須有所提升，教師的專業知能足夠，方能將最適合的雙語教育提供給學生。

（三）教學環境：為提供學生學習雙語教育的重要因素，舉凡軟硬體資源、學習搭配多媒體資源等等，增加學生學習的興趣與動機。

（四）學生學習：因學生為學習雙語教育的主體，故瞭解學生應具備哪些先備知識、是否具備學習動機、是否能用最自在的方式來習得雙語教育等為需重視之要點。

（五）家長與社區參與：此亦影響了雙語教育的推行成效，家長是否重視或支持學校和教師實施雙語教育、雙語教育是否能融

合社區文化或在地文化、社區是否具有支持系統等等，皆是值得探討的議題。

二、向度

　　經由文獻探討，同時歸納學者論述，共整理出十二個向度（如表 2-4-1），表列如下：

表 2-4-1　影響雙語教育推行之向度彙整

研究者	校長領導	績效評鑑	教學法	課程教材	教師素質	環境規劃	教學設施	先備知識	學習興趣與動機	學習評量	家長參與	社區融入
Krashen（1981）								◎				
Snow, M.A., Met, M., & Genesee, F.（1989）									◎			
Coyle（1999）			◎					◎				
Perna & Swail（2000）	◎										◎	
Suarez-Orozco & Suarez-Orozco（2001）	◎			◎			◎					◎
Perna & Titus（2005）											◎	
Hughes（2007）	◎	◎								◎	◎	
Tabatadze（2008）												◎
何臥龍（2017）			◎	◎								
許家菁（2019）			◎	◎	◎							
王蓓菁（2020）			◎		◎		◎					
吳佩珊、熊同鑫（2020）												◎

表 2-4-1　影響雙語教育推行之向度彙整（續）

研究者	校長領導	績效評鑑	教學法	課程教材	教師素質	環境規劃	教學設施	先備知識	學習興趣與動機	學習評量	家長參與	社區融入
陳美如、曾莉婷（2020）								◎				
廖偉民（2020）										◎		
連姿婷（2020）		◎	◎							◎		
林子斌（2021a）	◎											
林子斌（2021b）					◎							
林子斌、吳巧雯（2021）					◎							
曾雅淑（2021）											◎	◎
李茂琪（2021）			◎	◎	◎							
李振清（2021）					◎		◎					
高麗鳳（2021）		◎			◎					◎		
張雅喬（2021）			◎		◎					◎		
張鎮山（2021）	◎				◎	◎	◎					
郭彥廷（2021）							◎	◎				
梁雨薇（2021）	◎		◎		◎							
黃琇屏（2021）					◎							
楊怡婷（2022）							◎					
楊瑞濱（2021）	◎											
鄒文莉（2021）		◎			◎		◎					
葉若蘭、翁福元（2021）	◎				◎							
蘇喜慧（2021）				◎		◎						

表 2-4-1　影響雙語教育推行之向度彙整（續）

研究者	校長領導	績效評鑑	教學法	課程教材	教師素質	環境規劃	教學設施	先備知識	學習興趣與動機	學習評量	家長參與	社區融入
鮑瑤鋒（2021）			◎									
阮姿涵（2021）												◎

資料來源：筆者自行整理

　　最後，將十二個向度分別納入五個層面：行政管理層面包括校長領導、績效評鑑向度；課程教學層面包括教學法、課程教材、教師素質向度；教學環境層面包括環境規劃、教學設施向度；學生學習層面包括先備知識、學習興趣與動機、學習評量向度；家長與社區參與層面包括家長參與、社區融入向度。

　　此十二個向度之說明分述如下：

　　（一）校長領導：校長領導在雙語教育的推行之時扮演了一個重要的角色，若一校之長能樹立典範、建立願景、給予資源，將能影響學校實施雙語教育的氛圍。

　　（二）績效評鑑：學校在實施雙語教育時，應針對學校推行之雙語教育政策有所規劃、發展出屬於學校之自我檢核系統。

　　（三）教學法：雙語教育的教學法有許多種類，教師是否能結合母語與英語來進行教學、是否能維持與學習者之間的互動、是否能為學生建立學習的鷹架、是否能運用合適的教學方式來輔助教學。

　　（四）課程教材：教師於課堂上所使用的教學資源，是否能隨時滾動式修正、循序漸進安排雙語學習內容、課程是否合適、是否符合本土文化。

（五）教師素質：教師透過研習或共備方式來相互學習、自我增能，並增加跨領域的能見度。

（六）環境規劃：校園內建置友善的雙語學習環境，提供學生生活化的真實語境，尊重不同文化的學習環境，連結臺灣與外國文化。

（七）教學設施：教師運用資訊科技、英語教材、情境教室、英文電臺、英文學習平臺等，增加雙語學習的靈活度。

（八）先備知識：學生在原有的基礎語法結構上建立更深層次的學習、結合原有的母語來進行雙語學習，並將原有的自己的文化與他人文化結合、將所習得的知識技能透過雙語表達與分享。

（九）學習興趣與動機：學生在學習雙語教育的過程中，是否能從教師提供的學習內容或是課堂活動來提升學習的興趣、增加成就感，以自然的方式來學習雙語教育。

（十）學習評量：教師在教授雙語教育後，掌握學生學習進度，根據外部測驗來檢核學生在語言和及學科上的學習情形，並給予學習上的回饋。

（十一）家長參與：家長具備共識，共同參與並協助學校和教師在雙語教育的推動，參與學校辦理的雙語相關教育活動，為孩子的學習盡一份助力。

（十二）社區融入：將雙語教育與在地文化及社區文化融合，建立學校與社區的支持系統。

三、項目

文獻探討，歸納雙語教育策略之初步指標

　　本書在經過雙語教育相關文獻之探討過後，歸納相關論述，初步建構影響學校推行雙語教育策略的指標項目共有五十九個，依層面與向度予以分類，標示如表 2-4-2，以建構影響雙語教育策略

指標之雛形。

表 2-4-2　影響雙語教育策略指標之雛形

層面	向度	指標項目
1. 行政管理	1-1 校長領導	1-1-1 能凝聚共識，將學校內部資源重新盤點，研擬出適合的雙語教育計畫（Suarez-Orozco & Suarez-Orozco, 2001）。
		1-1-2 能聘任使用雙語進行溝通的教職員（Suarez-Orozco & Suarez-Orozco, 2001）。
		1-1-3 能帶起學校成員正向的溝通氣氛（Hughes, 2007）。
		1-1-4 能帶領行政部門對雙語教育設立共同的願景和目標（Perna & Swail, 2000）。
		1-1-5 能以身作則使用雙語，建置校內良好的雙語環境（林子斌，2021）。
	1-2 績效評鑑	1-2-1 各校雙語計畫須持續調整與修正，逐步找到合適的雙語政策定位（連姿婷，2020）。
		1-2-2 針對各校不同的雙語推動政策，須有一套自我檢核的評鑑方式（Hughes, 2007）。
		1-2-3 能具備雙語師資與課程審查及檢核機制（黃琇屏，2021）。
		1-2-4 能符合在地情境的需求（吳佩珊、熊同鑫 2020）。
		1-2-5 能含括師資、軟硬體設備、課程、行政等多方面之績效衡量構面（張明雅，2010）。
2. 課程教學	2-1 教學法	2-1-1 能結合母語和第二語言來整合雙語學習（吳英成，2010；呂美慧，2012）。

表 2-4-2　影響雙語教育策略指標之雛形（續）

層面	向度	指標項目
		2-1-2 能建構領域螺旋式鷹架（李茂琪，2021）。
		2-1-3 需要教學者和學習者之間的互動（Coyle, 1999）。
		2-1-4 能力分組、差異化教學、科技輔具、英語助教等方法有助於雙語教學的實施（鮑瑤鋒，2021）。
		2-1-5 能由外師與本地教師進行協同教學、共同備課，達到互補、互利的成效（李振清，2021）。
	2-2 課程教材	2-2-1 能同時重視語言學習與認識他國文化（何臥龍，2017）。
		2-2-2 能依學生學習情況進行滾動式修正，彈性調整雙語課程和教學課綱（李茂琪，2021；蘇喜慧，2021）。
		2-2-3 能安排循序漸進的雙語學習內容（何臥龍，2017）。
		2-2-4 能開發雙語教材或請專家學者編寫內容合適的教材，發展課程包與平臺來協助雙語教學（葉若蘭、翁福元，2021；鄒文莉，2021）。
		2-2-5 應開發符合本土文化的教材（王蓓菁，2020）。
	2-3 教師素質	2-3-1 能透過研習、請教專業教師、上網蒐集資料來增加教師專業發展（王蓓菁，2020）。
		2-3-2 能組成雙語小組，以英語教師為主，進行共備討論（高麗鳳，2021）。

表 2-4-2　影響雙語教育策略指標之雛形（續）

層面	向度	指標項目
		2-3-3 校內自主的增能與培訓，來推動雙語教育（林子斌、吳巧雯，2021）。
		2-3-4 能建置跨領域教師的緊密合作關係（鄒文莉，2021）。
		2-3-5 能由英語教師參加雙語教師專業學習社群，扮演經驗分享者（林子斌、吳巧雯，2021）。
3. 教學環境	3-1 環境規劃	3-1-1 能提供積極友善的雙語校園學習環境（Suarez-Orozco & Suarez-Orozco, 2001）。
		3-1-2 能重視真實語境下的應用，協助學生活化學習（Coyle, 1999）。
		3-1-3 能尊重學生群體的多元文化特質，創造多元的雙語學習環境（Suarez-Orozco & Suarez-Orozco, 2001）。
		3-1-4 能重視語用及學習落差，建構雙語環境（楊瑞濱，2021）。
		3-1-5 能招募外籍生來於校園內雙語環境建置（郭彥廷，2021）。
	3-2 教學設施	3-2-1 能使用資訊科技來輔助雙語教學，如 AR, VR （張鎮山，2021）。
		3-2-2 能觀看英語教學影片、搭配情境教室等多模式教學方式來增加雙語教學靈活度（王蓓菁，2020）。
		3-2-3 能善用數位科技工具，打造不受時空限制的雙語學習環境（楊怡婷，2022）。
		3-2-4 能透過英文電臺以提升學習者英語能力（李振清，2021）。
		3-2-5 能發展課程平臺以協助雙語教育教學成效（鄒文莉，2021）。

表 2-4-2 影響雙語教育策略指標之雛形（續）

層面	向度	指標項目
4. 學生學習	4-1 先備知識	4-1-1 能將母語結合第二外語的情況下習得雙語教育（Cohen, 1975）。
		4-1-2 能將自己的文化與他人的文化作連結（Coyle, 1999）。
		4-1-3 能促使母語在教育中扮演輔佐的角色，協助語言及其文化能同時被保存（謝國平，1993；王穎、張雁，2010；楊智穎，2015）。
		4-1-4 能在於基礎語法結構上建立更深層次的知識的學習（Coyle, 1999）。
		4-1-5 能將所習得的知識技能，在雙語課堂中進行應用，使用英語表達自己的情感、分享自己的文化與生活經驗（鄒文莉，2020）。
	4-2 學習興趣與動機	4-2-1 能從有趣的學科內容來激發學習動機（Snow, M.A., Met, M., & Genesee, F., 1989）。
		4-2-2 能藉由多元的課堂活動來增加學習興趣（Snow, M.A., Met, M., & Genesee, F., 1989）。
		4-2-3 能在學習過程中產生成就感（Snow, M.A., Met, M., & Genesee, F., 1989）。
		4-2-4 能允許目標語的語法或詞彙使用錯誤（Snow, M.A., Met, M., & Genesee, F. 1989）。
		4-2-5 能與他們的同儕或教師以自然的方式來交流（Krashen, 1981；Genesee, 1994）。
	4-3 學習評量	4-3-1 教師能掌握學生進度並進行評估（Hughes, 2007）。

表 2-4-2　影響雙語教育策略指標之雛形（續）

層面	向度	指標項目
		4-3-2 教師能給予學生關於學習上的回饋（Hughes, 2007）。
		4-3-3 能具外部測驗的結果分析（Hughes, 2007）。
		4-3-4 能檢核學生在實際情況中使用英文的能力（高麗鳳，2021）。
		4-3-5 能並重語言與學科內容兩項評量（廖偉民，2020）。
5. 家長與社區參與	5-1 家長參與	5-1-1 家長能參與、配合並具有共識推行雙語教育，以提高雙語教育的質與量（曾雅淑，2021）。
		5-1-2 家長參與為社會資本的一部分，協助少數民族在教育上的助力（Perna & Titus, 2005）。
		5-1-3 家長參與成果發表活動，具雙語教育宣傳成效（丁怡文，2004）。
		5-1-4 能支持學校辦理雙語教學的活動，且重視子女的英文學習（Perna & Swail, 2000）。
		5-1-5 能有定見，在參考各方建議時要能尊重孩子的個別差異其獨特性，找出最適合孩子的雙語學習方式（張靖筠，2006）。
	5-2 社區融入	5-2-1 能考量臺灣在地情境的需求，非僅一昧地移植他國的經驗（鄒文莉，2021）。
		5-2-2 能將雙語教育與在地融合互相搭配（曾雅淑，2021）。
		5-2-3 學校與社區的配套措施與支持系統非常重要（Suarez-Orozco & Suarez-Orozco, 2001）。

表 2-4-2　影響雙語教育策略指標之雛形（續）

層面	向度	指標項目
		5-2-4 學校在發展雙語教育之時，應將在地文化納入考量中，彰顯屬於自己社區的在地文化（鄒文莉，2020）。

資料來源：筆者自行整理

第三章　研究設計與實施

　　本書旨在進行國民中小學雙語教育策略指標之建構，筆者針對國內外相關論文及文獻作歸納與分析，建構實施雙語教育策略指標雛形。首先商請學者專家進行焦點團體座談，初步擬出雙語教育相關指標；其次由「德懷術專家小組」進行審閱，進行模糊德懷術來分析並篩選指標。此外，藉由「模糊層級分析法（Fuzzy Analytic Hierarchy Process, FAHP）」建構國民中小學雙語教育策略指標權重體系，並進行分析與歸納，產出研究結論，並針對研究結論提出相關建議。本章共分為四節，第一節為研究流程與架構，第二節為研究方法與工具，第三節為研究實施，第四節為資料處理與統計分析。

第一節　研究流程與架構

　　本書之研究流程與架構，以下分別以研究流程、指標建構流程二個層面來加以說明：

壹、研究流程

　　關於本書的研究流程，筆者以圖 3-1-1 來表示，其依循之步驟如下：

　　一、筆者決定研究方向，與其指導教授進行討論，以確立研究計畫及所欲探討之研究重點。

　　二、進行國內外文獻之蒐集，所蒐集的文獻範圍包括國內外

之雙語教育相關研究論文、國內外學者對於雙語教育實施之相關探討或論述、各期刊針對雙語教育所提出之分析及論述。

三、將所蒐集的相關文獻內容進行一系列的整理與歸納，將其內容與指導教授來回討論。並舉行學者專家小組之焦點團體座談，經刪修後擬出雙語教育策略指標的層面、向度與指標項目之雛形。

四、根據指標雛形，進行模糊德懷術之專家諮詢，進行國民中小學雙語教育策略指標架構項目之分析，以進一步建構完整的指標系統。

五、完成指標建構編製 FAHP 問卷，進行對德懷術專家學者之指標相對權重調整。

六、進行權重分析。

七、根據分析結果，進行結果與討論。

八、根據研究結果，提出建議。

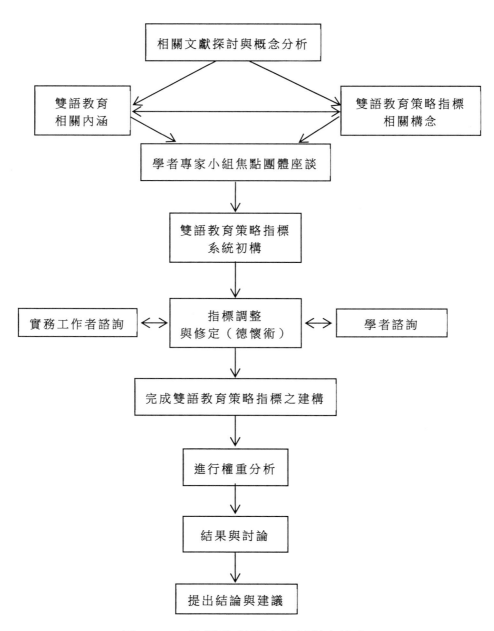

圖 3-1-1 雙語教育策略指標研究流程

貳、指標建構流程

本書之指標建構流程，以圖 3-1-2 來表示及說明，其依循步驟如下：

一、針對國內外相關文獻進行探討及歸納。

二、根據文獻，就影響雙語教育的因素歸納為五個層面、十二個向度、五十九個指標項目來建構推動雙語教育策略指標之雛形。

三、透過學者專家小組之焦點團體座談，進行推動雙語教育策略指標之調整與修改。

四、藉由模糊德懷術，來確立指標之適當程度以及指標程度之共識。

五、藉由模糊 FAHP 層級分析法進行權重分析，來確立指標架構。

六、完成雙語教育策略指標之建構。

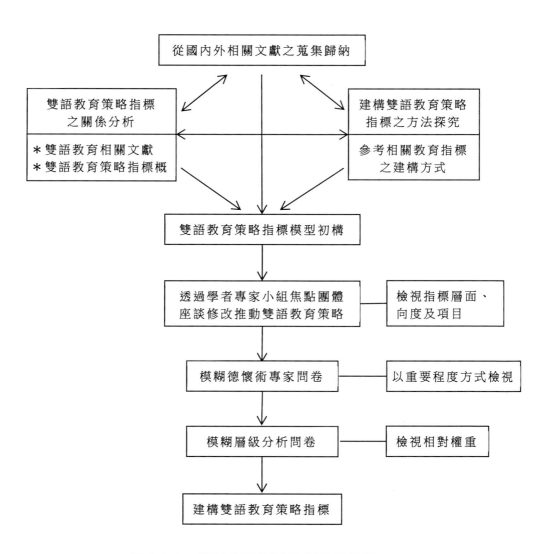

圖 3-1-2　雙語教育策略指標建構流程

第二節　研究方法與工具

　　本書的研究方法，先從國內外相關文獻進行分析與歸納，逐步建構雙語教育策略指標之雛形。首先經由焦點團體座談（Focus Group Interview）方式，由學者專家針對指標雛型進行討論，將指標內容予以刪修；接續採用模糊德懷術（Fuzzy Delphi Method, FDM），以分析、篩選、修正所建構之指標；接續以模糊層級分析法（Fuzzy Analytic Hierarchy Process, FAHP）來進行研究，來建構出國民中小學雙語教育策略指標。

壹、焦點團體座談

　　根據 Krueger, R. A. & Casey, M. A.（2000）的說明，焦點座談法定義為一種研究方法，旨在深入探討參與者對某個特定主題或問題的看法、態度、信念和經驗。焦點座談法的基本原理是通過集體討論的方式，從參與者的觀點中瞭解特定主題或問題的不同方面和層面。焦點座談法的目的是為了提供有關參與者的看法和經驗的深入理解，並用這些資料來指導決策、制定政策、改進產品和服務等。焦點座談法通常由一個熟練的主持人負責引導討論，並依靠討論的互動來產生有價值的信息。

　　故焦點座談法是一種集體訪談的質性研究方法，透過邀請多人在一起討論某個特定的主題，從而瞭解參與者對該主題的看法和想法。焦點座談法通常由一位主持人引導參與者進行討論，同時還可以利用錄音、錄像等方式記錄整個討論過程。

　　所以近年來，焦點座談法已成為研究的常用方法之一。例如，在周志貞（2022）的研究中，使用焦點座談法探討課程的學習成效及學生的滿意度，並瞭解有哪一些民族教育課程更能貼近原住

民的學生需求。

在劉雨姍（2021）的研究中，該研究以半結構式訪談為主軸，輔以焦點座談，並透過研究者從旁的觀察及記錄，另加上校長的信件及訪談個案同仁的訪談，來作為三角檢證後，來探究國民小學校長信念對於學校領導的影響。

在王獻儀（2021）的研究中，該研究是以焦點座談及深度訪談的方式，訪談學校專業社群的行政人員，後續再透過校長及專業社群的核心成員推薦其他成員參與訪談。並就訪談內容來進行編碼歸類，尋找出專業社群中的社會資本意涵。

在陳彥蓉（2021）的研究中，以焦點座談法來參與跨領域專業學習社群的每一次活動，並以深度訪談的方式來瞭解專家學者所推薦的各項資訊融入英語的誇領域學專業學習社群的社會資本情形。

在鍾敏菁（2019）的研究中，先根據文獻分析後擬出國民中小學活化校園營造指標，再以焦點座談法及模糊德懷術及層級分析法進行調查。其焦點座談法是以專家學者及各縣市國民中學校長與特色學校活化校園校長及主任等 12 人為對象，蒐集意見後來作為模糊德懷術專家小組調查的初稿。

故在當前研究中，焦點座談法在教育領域中被廣泛應用。其通常由 10 到 12 名參與者組成，他們坐在一起討論某個主題，通過交換觀點和經驗來獲得更多的信息，蔡育澤（2012）。亦可以看出焦點座談法在教育相關議題上的應用越來越廣泛。透過焦點座談法的討論，可以深入瞭解參與者對於特定主題的看法和需求，也可以發現潛在的問題和挑戰。這些研究顯示，焦點座談法可以作為一種重要的研究方法，協助教育相關領域深入瞭解人們對於特定主題的看法和需求，並提出相應的改進方案。

總括而言，焦點座談法是一種具有彈性和高度互動性的研究

方法，可以從多個角度深入探討某個特定主題，從而提供更全面的研究結果。但是，在應用焦點座談法進行研究時，也需要注意參與者選擇、討論主題的設計、主持人的引導能力等方面，以確保研究結果的有效性和可信度。

貳、模糊德懷術

德懷術是一種結合量化與質性的方式，用來預測未來的研究方法。該方法是只針對某一主題來設計問卷，請德懷術專家小組提供意見之表達，就其意見加以蒐集、組織與調整，以獲得成員一致的看法（王文科、王智弘，2020）。德懷術進行時，為達到公平性以及提供無威脅的環境，改為無具名的方式，讓專家學者能仔細思考並表達己見。同時，僅需就一主題編製成多個問題的問卷，以郵件、電子郵件或傳真等方式來提供資訊，具有各自的空間來進行意見傳達。參與者係根據個人的知覺與認知，表達看法或予以判斷，進而達成共識（王文科、王智弘，2020）。

一般而言，每一次的德懷術問卷需要花費數星期，故進行完整個德懷術期程預計會持續 2 至 3 個月。此數個月的時間需要專家學者花費心思與精力來投入，故在選定專家學者小組時，確認其合作意願是相當重要的，若合作意願高，則將整個提升其研究效率，研究共識高了，將使得研究具有代表性。誠如 Dalkey（1969）所說，選擇一個適當的專家團隊，是運用德懷術的關鍵要素，此專家小組的專業背景及研究領域，攸關運用德懷術研究結果的完整性與品質。

模糊德懷術為模糊集合理論與德懷術相互連結所運用而成。根據井上洋、天笠美之夫（1997/1999）指出，模糊理論（fuzzy theory）是由美國加州柏克萊大學的教授 L. A. Zadah 所提出，他

認為人類的思維以及推理的概念是模糊且非精確的，換而言之，即很難使用一個明確的數值表達。此理論以「一般的集合」之擴張概念所發想。所謂一般的集合是指其研究對象物或範圍是明確的，而模糊的集合的研究對象物或範圍是不明確的，且可經由歸屬函數（membership function）來定義模糊集合的特性。Murray, Pipino and Gigch 於 1985 年將模糊集合理論導入德懷術，透過模糊德懷術，整合每位參與者的模糊偏好關係，求得團體偏好關係，進行最佳方案之選擇（吳政達，2000）。

　　本書採用模糊德懷術研究方法，期待透過專家學者的專業知能及實務經驗，針對國民中小學雙語教育策略指標雛形建構，提供相關的意見，進而篩選出重要的指標。

參、模糊層級分析法

　　層級分析法為 1971 年由美國匹芝堡大學教授 Thomas L. Saaty 所提出，主要應用於不確定性（uncertainty）情況下具有多個評估準則的決策問題上。層級分析法使用的目的是將複雜的問題系統化，透過不同層面給予層級分解，並透過量化的運算，找到脈絡後加以綜合評估。層級分析法結合了專家學者的觀點，以及量化分析的客觀技術，將決策的思維模型化與數量化的過程（吳政達，2008；葉連祺，2005）。

　　雖然傳統的階層分析法能針對要素間重要程度進行評估，但在實際日常生活中，人類的思維和判斷上具有模糊性之特性，在決定要素與要素之間的重要性時，很難以明確的界限劃分，導致其結果可能有所偏頗；再者當層級數量增加時，評估因素間兩兩比較之次數將大為增多，容易使填答者因回答問題過多，造成思緒或判斷力混淆，導致評估效率降低。因此，Buckley（1985）年提出模糊

層級分析法（fuzzy analytic hierarchy process; FAHP），用來以解決上述之問題。該方法結合了模糊理論（fuzzy theory）與 AHP，補足專家在對評估層級架構中兩要素作重要性比較時，所伴隨之模糊性的缺點，並能更真實地反映現實狀況。

　　本書運用模糊層級分析法，以建構層面、向度、指標項目之間之權重體系，並加以分析層面、向度、指標項目之間之相對重要性。

第三節　研究實施

　　本書將針對研究實施予以探討，茲說明如下：

壹、焦點團體座談之實施

　　經由學者專家小組焦點團體座談，修改並確認雙語教育策略指標之內容。針對初步建構影響學校推行雙語教育策略指標項目後，邀請熟悉雙語教育領域之專家小組進行焦點團體座談，焦點團體座談參與者名單如表 3-3-1，探討初步建構之雙語教育策略內容，並進行修改與調整，以建構影響雙語教育策略指標之雛形。

表 3-3-1　焦點團體座談參與者名單

編號	姓名	職稱	服務單位	專長領域／相關經歷
A	許○芳	校長	臺中市大安國小	校內雙語教育領導者及執行者
B	張○章	校長	彰化縣平和國小	教育行政、教育部國際教育宣講講師、彰化校長專業社群—雙語教育共享社群

表 3-3-1　焦點團體座談參與者名單（續）

編號	姓名	職稱	服務單位	專長領域／相關經歷
C	施○羽	校長	彰化縣同安國小	教育行政與課程領導、111 學年度部分領域雙語計畫「健體領域」六年級、112 學年度教育部部分領域雙語續辦計畫「健體領域」三—六年級
D	溫○榮	校長	南投縣中原國小	109 學年度雙語教學師資工作坊、南投縣 110 學年度國民小學全英語教學教材教法研習、110 學年度雙語國家政策—口說英語展能樂學
E	吳○竹	校長	臺中市陽明國小	執行臺中市雙語教育計畫、教育部中小學校長專業學習社群—雙語教育共享社群、教育行政
F	劉○珠	校長	前彰化中山國小	偕同彰化縣英語輔導團辦理英語教師增能研習、校內英語領域召集人、SIEP 計畫執行人、辦理華裔青年英語學習服務營
G	徐○青	校長	臺中市大墩國中	教育行政、校內雙語教師社群共備、雙語示範公開課
H	林○佳	主任	臺中市華盛頓中學	學校校內雙語教育計畫設計者及執行者
I	蔡○曘	主任	臺中市臺中女中	雙語教育、教育政策、行政管理、臺中市 IELCG
J	林○婕	主任	臺中市鹿陽國小	教育行政、臺中市英語輔導團、執行學校雙語教育計畫、新設校雙語教育課程發展

資料來源：筆者自行整理

　　焦點團體座談時間訂在 111 年 11 月 16 日，以線上 google meet 方式進行討論，討論時間為 19:30 至 21:00，由筆者擔任座談主持人，與會者依照本書之五個層面、十二個向度及五十九個指標項目逐一進行討論。在此焦點座談實施之前，此座談邀約之成員皆已事先閱讀過討論之內容，以便在進行座談時更能聚焦且具效率針對探討之內容做回應。座談期間主持人針對與會者的建議來做來回討論與確認，並事後予以記錄及整理之。

　　根據與會人的討論之後，針對層面、向度、指標項目做了些調整，分述如下：

一、層面

　　針對本書原訂定之五個層面，與會者全數表示無須刪修。

二、向度

　　針對向度部分，與會者 A、B、F、I 共同表示，為求撰寫結構一致性，「2-1 教學法」建議改為「2-1 教學方法」，經與會者共同討論後一致通過同意修改。與會者 E、I 共同表示，「2-3 教師素質」建議改為「2-3 教師知能」，經與會者共同討論後一致通過同意修改。其餘向度則維持原來之內容，無須刪修。

三、指標項目

　　經焦點團體座談後，與會者共同討論出雙語教育策略指標內容，其修改及調整後的指標共有五十四個，依層面與向度予以分類，其結果標示如附錄一。

貳、模糊德懷術之實施

　　模糊德懷術係由筆者提出指標雛形，邀請專家學者提供相關建議。本書根據國內外相關文獻蒐集與歸納，參考相關教育指標建

構方式，研擬出雙語教育策略指標之初構。並經由專家學者所進行
之團體焦點座談，將指標內容再次確認與刪修。接續進行模糊德懷
術調查，邀請專家學者針對此問卷作適切性的評估，給予增訂或刪
修的建議以及共識性再次做確認，建構雙語教育策略指標。

　　Delbecq（1975）表示德懷術的參與者應該具有某些特質，例
如：對事情的瞭解程度、具有豐富的資訊、參與的熱忱及兼顧理論
實務工作等等。Issac 與 Michael（1984）認為，選擇德懷術的參與
人員時，最好包含不同理念與地位的人，以加強德懷術的過程。德
懷術適合使用在缺乏「共識」與亟需獲致一致性「同意」之處
（Graham, Regehr & Wright, 2003），特別是對需形成進一步決策
或發展實務的準則（Mead & Moseley, 2001）。德懷術的目的是為
了蒐集豐富且具啟發性的意見，進而協助決策的形成，將所有可能
的意見做謹慎且專業的檢視及評估。其主要的功能是為了從不同的
立場建立正面與負面的評論，以獲得全面的意見與可能的方法（黃
月純，2009）。當德懷術的成員其同性質較高時，成員人數以 15-
30 人為佳；具有異質性高時，成員人數約 5-10 人為佳，德懷術小
組成員在 10 人以上時，群體則屬於低誤差的狀態，且群體的可信
度最高（Dallkey, 1969; Delbecq, 1975）。

　　本書在規劃模糊德懷術專家小組時，為考量到成員的多樣
性，並兼顧理論與實務的面向，共邀請 12 位小組成員。其中專家
學者共 7 位，成員如表 3-3-2 所示他們具有指標建構專業領域知
識，或曾指導相關碩博士論文經驗之大學教授。另邀請實務工作者
共 5 位，成員如表 3-3-3 所示，包括教育行政人員、現職國民中小
學校長，他們具有推行雙語教育或執行相關指標之經驗，同時具備
博士學位。本書的模糊德懷術專家小組具有不同理念及地位的異質
性，與上述學者之文獻中所建議的部分相符。本書編製「國民中小
學雙語教育策略指標問卷（模糊德懷術問卷）」，問卷內容請見附

錄二，邀請 12 位學者專家進行問卷調查，此兩類學者專家小組成員所提出的建議，透過模糊德懷術的分析與歸納，最後篩選出國民中小學雙語教育策略之重要指標。

表 3-3-2　學者專家諮詢名單

類別	姓名	職稱	服務單位	專長領域／相關經歷
學者專家	丁○顧	教授	臺北市立大學	教學視導、教師評鑑、教育行政、學校行政
	顏○樑	教授	國立清華大學	教育政策、教育與學校行政、教育法令、教育評鑑、教育政治學
	李○芬	助理教授	國立清華大學	美國 AP 中文教學、聽說教學、國際學校華語教學、雙語教育推動
	湯○	教授	國立成功大學	教育行政與經濟、高等教育、技職教育、學校經營與管理
	鍾○興	教授	國立暨南國際大學	比較教育、俄羅斯教育、中等教育、分流課程－跨文化溝通教學設計與實作
	林○豐	教授	國立中正大學	課程發展與設計學校課程評鑑學校課程評鑑、雙語教育論壇主持人
	陳○青	教授	私立朝陽科技大學	教育科技、電腦輔助教學、語言習得、語言學習策略、雙語教育

資料來源：筆者自行整理

表 3-3-3　實務工作者諮詢名單

類別	姓名	職稱	服務單位	專長領域／相關經歷
實務工作者	陳○然	校長	新北市樟樹國際實創高級中等學校	積極爭取資源建置雙語國際化教學及校園環境，使師生浸潤於國際化場域，潛移默化其國際觀及視野。108 學年度榮獲新北市第一所通過「國際學校獎（ISA）」級別認證
	盧○妤	校長	屏東縣富田國小	國際教育初階進階人員認證、國際教育共通課程—SIEP 學校國際化教師顧問、國際教育共通課程—SIEP 課程發展與教學—雙語教育教師顧問、分流課程—雙語課程模組與架構實務工作坊—教師顧問
	湯○琴	校長	苗栗縣苗栗國中	教育行政、苗栗縣英語資源分區種子學校、教育部中小學校長專業學習社群—行思社雙語教育共享社群
	廖○袖	主任	南投縣炎峰國小	推動校內雙語教育相關業務、推動 2023 南投縣「深耕在地、擁抱國際」雙語教育博覽會
	侯○如	老師	嘉義市文雅國小	國小英語師資 22 年、教育部110 年國小雙語師資次專長雙語計畫雙語體育助教老師、雙語音樂助教老師、教育部跨國視訊雙語課程初階／進階受訓、國際教育共通課程—SIEP 課程發展與教學（國定課程與雙語領域講師）

資料來源：筆者自行整理

參、模糊層級分析法之實施

　　本書根據前述模糊德懷術修正國民中小學雙語教育策略指標架構，編製「國民中小學雙語教育策略指標建構相對權重調查問卷（模糊層級分析問卷）」，問卷內容請見附錄三，再次邀請 12 位相關領域學者及具經驗的專家進行相對權重問卷之評估，名單如上述所示表 3-2-2 與表 3-2-3。藉由專家小組的協助，進行「國民中小學雙語教育策略指標相對權重問卷」之填答，將問卷調查後所蒐集之資料以模糊層級分析法進行分析，以建構國民中小學雙語教育策略指標之權重分析。

第四節　資料處理與統計分析

　　依據文獻所初步建構之雙語教育策略指標，經由舉辦焦點團體座談，邀請十位學者專家針對研究所文獻分析後所研擬出之指標內容進行討論、修改或刪除，整理出指標內容；再邀請十二位專家學者參與模糊德懷術之問卷調查，確立雙語教育策略指標之細目；本書所建立之指標，再以權重分析問卷來進行資料統計分析。茲將第一階段焦點團體座談內容、第二階段模糊德懷術專家問卷與第三階段相對權重問卷方式，分別說明如下：

壹、焦點團體座談內容

　　本書根據文獻探討，歸納整理出雙語教育策略的指標雛型，共分為五個層面、十二個向度、五十九個指標項目；接續邀請十位學者專家針對此指標雛型進行焦點團體座談，經過討論後針對此指標雛型進行修改，做為下一階段模糊德懷術建立問卷之題目。

貳、模糊德懷術專家問卷

　　本書之指標建構乃採模糊德懷術之資料處理，以及實施相對權重分析兩種，擬出國民中小學雙語教育策略指標。根據上述專家團體焦點座談後針對指標進行刪修，編製「國民中小學雙語教育策略指標系統建構之研究（模糊德懷術專家問卷）」，由筆者致電並寄送委託信函邀請 12 位學者與專家一同參與，待獲得首肯後便開始著手進行。針對層面、向度、指標逐一予以評定重要性，由 0.1 至 1 在量尺上圈畫出評定項目之重要性的範圍，並勾選出最可能之重要程度。填答示例如表 3-4-1 所示。

表 3-4-1　模糊德懷術專家問卷填答範例

	指標內容	重要程度
層面	1.行政管理	.1 .2 .3 .4 .5 .6 .7 .8 .9 1
向度	1-1 校長領導	.1 .2 .3 .4 .5 .6 .7 .8 .9 1
指標	1-1-1 能凝聚共識，重新盤點資源，研擬出適合的雙語教育計畫。	.1 .2 .3 .4 .5 .6 .7 .8 .9 1

　　如上表舉例說明，如專家所評定的指標「1-1-1 能凝聚共識，重新盤點資源，研擬出適合的雙語教育計畫」的重要性程度介於.5 至.8 之間，而以.8 的重要程度可能性最高，則圈選.5 至.8 區間，並於.8 位置上方劃記打勾。本模糊德懷術專家問卷如附錄一。

參、相對權重問卷

　　建構指標權重體系時，必須考量參與填答者之專業度，因此，本書在實施層級分析法時，邀請了與進行模糊德懷術相同的 5 位學者專家及 7 位實務工作者，共 12 人進行模糊階層分析問卷填答。藉由專家小組的協助，進行「國民中小學雙語教育策略指標相對權重問卷」之填答，再將問卷調查後所蒐集之資料以層級分析法進行分析，以建構國民中小學雙語教育策略指標之權重分析。

第四章　研究結果與討論

第一節　雙語教育策略指標系統之分析

　　本書以「雙語教育策略指標系統——模糊德懷術專家問卷」為研究工具，邀請 12 位學者專家針對指標系統的層面、向度及指標來檢視其重要的程度。並依個別學者專家的意見來進行各個項目的模糊數計算，並以.7 共識程度（fuzzy degree of consensus, FDC）為項目的取捨標準，來決定保留或刪除。表中 L 是專家學者共識的最小值、U 是最大值，此兩點為極端值，M 為模糊數區間重心值。以下分別呈現各個項目中之重要程度與共識的分析結果。

壹、焦點團體座談

　　根據焦點座談所進行的討論，與會者有了共識，其共識結果如表 4-1-1 所示，內容共有五個層面、十二個向度、五十四個指標項目。

表 4-1-1　雙語教育策略指標

層面	向度	指標項目
1. 行政管理	1-1 校長領導	1-1-1 能凝聚共識，重新盤點資源，研擬出適合的雙語教育計畫。
		1-1-2 能聘任使用雙語進行溝通的教職員。
		1-1-3 能帶起學校成員正向的溝通氣氛。

表 4-1-1　雙語教育策略指標（續）

層面	向度	指標項目
		1-1-4 能帶領行政部門對雙語教育設立共同的願景和目標。
		1-1-5 能以身作則使用雙語，建置校內良好的雙語典範。
	1-2 績效評鑑	1-2-1 各校雙語計畫須持續調整與修正，逐步找到合適的雙語政策定位。
		1-2-2 針對各校不同的雙語推動政策，須有一套自我檢核的評鑑方式。
		1-2-3 能具備雙語師資與課程審查及檢核機制。
		1-2-4 能符合在地文化的需求。
		1-2-5 能含括師資、軟硬體設備、課程、行政等多方面之績效衡量構面。
2. 課程教學	2-1 教學方法	2-1-1 能結合中文和英文來整合雙語學習。
		2-1-2 能建構領域螺旋式鷹架。
		2-1-3 需要教學者和學習者之間的互動。
		2-1-4 能以能力分組、差異化教學、科技輔具等方法來提升雙語教學的實施。
		2-1-5 能由外師與本地教師進行協同教學、共同備課，達到互補、互利的成效。
	2-2 課程教材	2-2-1 能同時重視語言學習與認識他國文化。
		2-2-2 能依學生學習情況進行滾動式修正，彈性調整雙語課程。
		2-2-3 能安排循序漸進的雙語學習內容。
		2-2-4 由外部專家編寫教材或平臺來進行雙語教學。
		2-2-5 應創研雙語校本教材。

表 4-1-1　雙語教育策略指標（續）

層面	向度	指標項目
	2-3 教師知能	2-3-1 能透過研習、請教專業教師、上網蒐集資料來增加教師專業發展。
		2-3-2 能組成雙語小組，進行共備討論。
		2-3-3 校內自主的增能與培訓，來推動雙語教育。
		2-3-4 能建置跨領域教師的緊密合作關係。
		2-3-5 能由英語教師召集領域教師來組成教師專業社群，分享其經驗。
3. 教學環境	3-1 環境規劃	3-1-1 能提供積極友善的雙語校園學習環境。
		3-1-2 能重視真實語境下的應用，協助學生活化學習。
		3-1-3 能尊重學生群體的多元文化特質，創造多元的雙語學習環境。
		3-1-4 能重視語用及學習落差，建構雙語環境。
	3-2 教學設施	3-2-1 能善用數位科技工具來輔助雙語教學，打造不受時空限制的雙語學習環境。
		3-2-2 能建置雙語情境教室，搭配觀看英語教學影片等多模式教學方式來增加雙語教學靈活度。
		3-2-3 建置英聽廣播系統，提升學習者英語能力。
		3-2-4 能發展課程平臺以協助雙語教育教學成效。
4. 學生學習	4-1 先備知識	4-1-1 能將自己的文化與他人的文化作連結。
		4-1-2 能促使母語在教育中扮演輔佐的角色，協助語言及其文化能同時被保存。

表 4-1-1　雙語教育策略指標（續）

層面	向度	指標項目
		4-1-3 能在於基礎語法結構上建立更深層次的知識的學習。
		4-1-4 能將所習得的知識技能，應用於雙語課堂中，用英語表達情感、分享文化與生活經驗。
	4-2 學習興趣與動機	4-2-1 能從有趣的學科內容及多元的課堂活動來激發學習動機。
		4-2-2 能在學習過程中產生成就感。
		4-2-3 允許學生在使用雙語時的語法或詞彙使用錯誤。
		4-2-4 師生能以自然的方式來交流。
	4-3 學習評量	4-3-1 教師能掌握學生進度並進行評估。
		4-3-2 教師能給予學生關於學習上的回饋。
		4-3-3 能具外部測驗的結果分析。
		4-3-4 能檢核學生在實際情況中使用英文的能力。
		4-3-5 能並重語言與學科內容兩項評量。
5. 家長與社區參與	5-1 家長參與	5-1-1 家長能參與、配合並具有共識推行雙語教育，以提高雙語教育的質與量。
		5-1-2 家長參與成果發表活動，具雙語教育宣傳成效。
		5-1-3 能支持學校辦理雙語教學的活動，且重視子女的英文學習。
		5-1-4 廣納家長的意見及期待，找出最適合孩子的雙語學習方式。
	5-2 社區融入	5-2-1 能考量臺灣在地文化，非僅一昧地移植他國的經驗。
		5-2-2 能將雙語教育與在地融合互相搭配。

表 4-1-1　雙語教育策略指標（續）

層面	向度	指標項目
		5-2-3 能建構出學校社區的配套措施與支持系統。
		5-2-4 學校在發展雙語教育之時，應彰顯屬於自己社區的在地文化。

資料來源：筆者自行整理

貳、模糊德懷術

指標系統「層面」共識性與重要程度分析

　　本書之層面有行政管理、課程教學、教學環境、學生學習以及家長與社區參與共五個層面。經過模糊數計算，行政管理層面的權重介於.44 至.94 之間，區間重心點為.74，反模糊化數值（DF）為.81；課程教學層面的權重介於.25 至.94 之間，區間重心點為.81，反模糊化數值（DF）為.81；教學環境層面的權重介於.35 至.94 之間，區間重心點為.70，反模糊化數值（DF）為.78；學生學習層面的權重介於.35 至.94 之間，區間重心點為.80，反模糊化數值（DF）為.81；家長與社區參與層面的權重介於.25 至.94 之間，區間重心點為.65，反模糊化數值（DF）為.76。經反模糊化數值排序，重要程度依序為行政管理、課程教學、學生學習三個層面並列第一（.81）、教學環境（.78）、家長與社區參與（.76）。各層面的共識度（FDC）介於.77 至.82 之間，均大於.7，故五個層面皆予以保留。層面的分析結果如表 4-1-2。

表 4-1-2　層面分析結果

層面	L	M	U	DF	FDC	排序	保留／刪除
行政管理	.44	.74	.94	.81	.82	1	保留
課程教學	.25	.81	.94	.81	.79	1	保留
教學環境	.35	.70	.94	.78	.79	4	保留
學生學習	.35	.80	.94	.81	.80	1	保留
家長與社區參與	.25	.65	.94	.76	.77	5	保留

資料來源：筆者自行整理

參、指標系統「向度」共識性與重要程度分析

　　本書指標系統五個層面下共計十二個向度，依序從行政管理、課程教學、教學環境、學生學習以及家長與社區參與項下的向度來進行分析。

一、行政管理層面之向度結果分析

　　行政管理層面下包含兩個向度，「1-1 校長領導」向度的權重介於.35 至.94 之間，區間重心點為.73，反模糊化數值（DF）為.79；「1-2 績效評鑑」向度的權重介於.35 至.94 之間，區間重心點為.69，反模糊化數值（DF）為.78。經反模糊化數值排序，重要程度依序為「1-1 校長領導」（.79）、「1-2 績效評鑑」（.78）；兩個向度的共識度（FDC）介於.80 至.82 之間，均大於.7，故兩個向度皆予以保留。行政管理層面之向度分析結果如表 4-1-3。

表 4-1-3 行政管理層面之向度分析結果

向度	L	M	U	DF	FDC	排序	保留／刪除
1-1 校長領導	.35	.73	.94	.79	.80	1	保留
1-2 績效評鑑	.35	.69	.94	.78	.82	2	保留

資料來源：筆者自行整理

二、課程教學層面之向度結果分析

　　課程教學層面下包含三個向度，「2-1 教學方法」向度的權重介於.25 至.94 之間，區間重心點為.80，反模糊化數值（DF）為.80；「2-2 課程教材」向度的權重介於.35 至.94 之間，區間重心點為.79，反模糊化數值（DF）為.81；「2-3 教師知能」向度的權重介於.25 至.94 之間，區間重心點為.78，反模糊化數值（DF）為.80。經反模糊化數值排序，重要程度依序為「2-2 課程教材」（.81）、「2-1 教學方法」及「2-3 教師知能」兩個向度並列第二（.80）；三個向度的共識度（FDC）介於.79 至.82 之間，均大於.7，故三個向度皆予以保留。課程教學層面之向度分析結果如表 4-1-4。

表 4-1-4 課程教學層面之向度分析結果

向度	L	M	U	DF	FDC	排序	保留／刪除
2-1 教學方法	.25	.80	.94	.80	.79	2	保留
2-2 課程教材	.35	.79	.94	.81	.82	1	保留
2-3 教師知能	.25	.78	.94	.80	.79	2	保留

資料來源：筆者自行整理

三、教學環境層面之向度結果分析

　　教學環境層面下包含兩個向度,「3-1 環境規劃」向度的權重介於.35 至.94 之間,區間重心點為.75,反模糊化數值(DF)為.80;「3-2 教學設施」向度的權重介於.25 至.94 之間,區間重心點為.72,反模糊化數值(DF)為.78。經反模糊化數值排序,重要程度依序為「3-1 環境規劃」(.80)、「3-2 教學設施」(.78);兩個向度的共識度(FDC)介於.79 至.83 之間,均大於.7,故兩個向度皆予以保留。教學環境層面之向度分析結果如表 4-1-5。

表 4-1-5　教學環境層面之向度分析結果

向度	L	M	U	DF	FDC	排序	保留／刪除
3-1 環境規劃	.35	.75	.94	.80	.83	1	保留
3-2 教學設施	.25	.72	.94	.78	.79	2	保留

資料來源:筆者自行整理

四、學生學習層面之向度結果分析

　　學生學習層面下包含三個向度,「4-1 先備知識」向度的權重介於.35 至.94 之間,區間重心點為.73,反模糊化數值(DF)為.79;「4-2 學習興趣與動機」向度的權重介於.35 至.94 之間,區間重心點為.81,反模糊化數值(DF)為.82;「4-3 學習評量」向度的權重介於.35 至.94 之間,區間重心點為.76,反模糊化數值(DF)為.80。經反模糊化數值排序,重要程度依序為「4-2 學習興趣與動機」(.82)、「4-3 學習評量」(.80)、「4-1 先備知識」(.79);三個向度的共識度(FDC)介於.81 至.83 之間,均大於.7,故三個向度皆予以保留。學生學習層面之向度分析結果如表 4-1-6。

表 4-1-6　學生學習層面之向度分析結果

向度	L	M	U	DF	FDC	排序	保留／刪除
4-1 先備知識	.35	.73	.94	.79	.81	3	保留
4-2 學習興趣與動機	.35	.81	.94	.82	.81	1	保留
4-3 學習評量	.35	.76	.94	.80	.83	2	保留

資料來源：筆者自行整理

五、家長與社區參與層面之向度結果分析

　　家長與社區參與層面下包含兩個向度，「5-1 家長參與」向度的權重介於.35 至.94 之間，區間重心點為.70，反模糊化數值（DF）為.78；「5-2 社區融入」向度的權重介於.35 至.94 之間，區間重心點為.71，反模糊化數值（DF）為.79。經反模糊化數值排序，「5-2 社區融入」（.79）、「5-1 家長參與」（.78）。兩個向度的共識度（FDC）為.82，均大於.7，故兩個向度皆予以保留。家長與社區參與層面之向度分析結果如表 4-1-7。

表 4-1-7　家長與社區參與層面之向度分析結果

向度	L	M	U	DF	FDC	排序	保留／刪除
5-1 家長參與	.35	.70	.94	.78	.82	2	保留
5-2 社區融入	.35	.71	.94	.79	.82	1	保留

資料來源：筆者自行整理

肆、指標系統「指標」共識性與重要程度分析

　　本書指標系統總共包含五十四個指標。行政管理層面有十個指標、課程教學層面有十五個指標、教學環境層面有八個指標、學

生學習層面有十三個指標、家長與社區參與層面有八個指標。以下為各個指標之重要程度與共識來分析結果。

一、向度 1-1 校長領導項下指標結果分析

向度 1-1 校長領導包含了五項指標。指標「1-1-1 能凝聚共識，重新盤點資源，研擬出適合的雙語教育計畫。」的權重介於.44 至.94 之間，區間重心點為.79，反模糊化數值（DF）為.82；指標「1-1-2 能聘任使用雙語進行溝通的教職員。」的權重介於.25 至.94 之間，區間重心點為.68，反模糊化數值（DF）為.76；指標「1-1-3 能帶起學校成員正向的溝通氣氛。」的權重介於.54 至.94 之間，區間重心點為.77，反模糊化數值（DF）為.83；指標「1-1-4 能帶領行政部門對雙語教育設立共同的願景和目標。」的權重介於.25 至.94 之間，區間重心點為.72，反模糊化數值（DF）為.78；指標「1-1-5 能以身作則使用雙語，建置校內良好的雙語典範。」的權重介於.25 至.94 之間，區間重心點為.66，反模糊化數值（DF）為.76。經反模糊化數值排序，重要程度依序為「1-1-3 能帶起學校成員正向的溝通氣氛。」（.83）、「1-1-1 能凝聚共識，重新盤點資源，研擬出適合的雙語教育計畫。」（.82）、「1-1-4 能帶領行政部門對雙語教育設立共同的願景和目標。」（.78）、「1-1-2 能聘任使用雙語進行溝通的教職員。」及「1-1-5 能以身作則使用雙語，建置校內良好的雙語典範。」兩個指標並列第四（.76）。此向度下的五個指標之共識度（FDC）介於.74 至.86 之間，均大於.7，故予以保留。向度「1-1 校長領導」項下指標分析結果如表 4-1-8。

表 4-1-8　向度「1-1 校長領導」項下指標分析結果

指標	L	M	U	DF	FDC	排序	保留／刪除
1-1-1 能凝聚共識，重新盤點資源，研擬出適合的雙語教育計畫。	.44	.79	.94	.82	.84	2	保留
1-1-2 能聘任使用雙語進行溝通的教職員。	.25	.68	.94	.76	.77	4	保留
1-1-3 能帶起學校成員正向的溝通氣氛。	.54	.77	.94	.83	.86	1	保留
1-1-4 能帶領行政部門對雙語教育設立共同的願景和目標。	.25	.72	.94	.78	.80	3	保留
1-1-5 能以身作則使用雙語，建置校內良好的雙語典範。	.25	.66	.94	.76	.74	4	保留

資料來源：筆者自行整理

二、向度 1-2 績效評鑑項下指標結果分析

　　向度 1-2 績效評鑑包含了五項指標。指標「1-2-1 各校雙語計畫須持續調整與修正，逐步找到合適的雙語政策定位。」的權重介於.44 至.94 之間，區間重心點為.78，反模糊化數值（DF）為.82；指標「1-2-2 針對各校不同的雙語推動政策，須有一套自我檢核的評鑑方式。」的權重介於.44 至.94 之間，區間重心點為.80，反模糊化數值（DF）為.82；指標「1-2-3 能具備雙語師資與課程審查及檢核機制。」的權重介於.44 至.94 之間，區間重心點為.80，反模糊化數值（DF）為.83；指標「1-2-4 能符合在地文化的需求。」的權重介於.35 至.94 之間，區間重心點為.67，反模糊化數值（DF）為.77；指標「1-2-5 能含括師資、軟硬體設備、課程、

行政等多方面之績效衡量構面。」的權重介於.44 至.94 之間,區間重心點為.78,反模糊化數值(DF)為.82。經反模糊化數值排序,重要程度依序為「1-2-3 能具備雙語師資與課程審查及檢核機制。」(.83)、「1-2-1 各校雙語計畫須持續調整與修正,逐步找到合適的雙語政策定位。」與「1-2-2 針對各校不同的雙語推動政策,須有一套自我檢核的評鑑方式。」及「1-2-5 能含括師資、軟硬體設備、課程、行政等多方面之績效衡量構面。」共三個指標並列第二(.82)、「1-2-4 能符合在地文化的需求。」(.77)。此向度下的五個指標之共識度(FDC)介於.82 至.85 之間,均大於.7,故予以保留。向度「1-2 績效評鑑」項下指標分析結果如表 4-1-9。

表 4-1-9　向度「1-2 績效評鑑」項下指標分析結果

指標	L	M	U	DF	FDC	排序	保留／刪除
1-2-1 各校雙語計畫須持續調整與修正,逐步找到合適的雙語政策定位。	.44	.78	.94	.82	.84	2	保留
1-2-2 針對各校不同的雙語推動政策,須有一套自我檢核的評鑑方式。	.44	.77	.94	.82	.84	2	保留
1-2-3 能具備雙語師資與課程審查及檢核機制。	.44	.80	.94	.83	.83	1	保留
1-2-4 能符合在地文化的需求。	.35	.67	.94	.77	.82	5	保留
1-2-5 能含括師資、軟硬體設備、課程、行政等多方面之績效衡量構面。	.44	.78	.94	.82	.85	2	保留

資料來源:筆者自行整理

三、向度 2-1 教學方法項下指標結果分析

　　向度 2-1 教學方法包含了五項指標。指標「2-1-1 能結合中文和英文來整合雙語學習。」的權重介於.25 至.99 之間，區間重心點為.74，反模糊化數值（DF）為.81；指標「2-1-2 能建構領域螺旋式鷹架。」的權重介於.44 至.94 之間，區間重心點為.81，反模糊化數值（DF）為.83；指標「2-1-3 需要教學者和學習者之間的互動。」的權重介於.44 至.94 之間，區間重心點為.83，反模糊化數值（DF）為.84；指標「2-1-4 能以能力分組、差異化教學、科技輔具、英語助教等方法來提升雙語教學的實施。」的權重介於.25 至.94 之間，區間重心點為.73，反模糊化數值（DF）為.78；指標「2-1-5 能由專業外師與本地教師進行協同教學、共同備課，達到互補、互利的成效。」的權重介於.35 至.94 之間，區間重心點為.69，反模糊化數值（DF）為.78。經反模糊化數值排序，重要程度依序為「2-1-3 需要教學者和學習者之間的互動。」（.84）、「2-1-2 能建構領域螺旋式鷹架。」（.83）、「2-1-1 能結合中文和英文來整合雙語學習。」（.81）、「2-1-4 能以能力分組、差異化教學、科技輔具、英語助教等方法來提升雙語教學的實施。」與「2-1-5 能由專業外師與本地教師進行協同教學、共同備課，達到互補、互利的成效。」兩個指標並列第三（.78）。此向度下的五個指標之共識度（FDC）介於.76 至.85 之間，均大於.7，故予以保留。向度「2-1 教學方法」項下指標分析結果如表 4-1-10。

表 4-1-10　向度「2-1 教學方法」項下指標分析結果

指標	L	M	U	DF	FDC	排序	保留／刪除
2-1-1 能結合中文和英文來整合雙語學習。	.25	.74	.99	.81	.78	3	保留

表 4-1-10　向度「2-1 教學方法」項下指標分析結果（續）

指標	L	M	U	DF	FDC	排序	保留／刪除
2-1-2 能建構領域螺旋式鷹架。	.44	.81	.94	.83	.85	2	保留
2-1-3 需要教學者和學習者之間的互動。	.44	.83	.94	.84	.84	1	保留
2-1-4 能以能力分組、差異化教學、科技輔具、英語助教等方法來提升雙語教學的實施。	.25	.73	.94	.78	.76	4	保留
2-1-5 能由專業外師與本地教師進行協同教學、共同備課，達到互補、互利的成效。	.35	.69	.94	.78	.78	4	保留

資料來源：筆者自行整理

四、向度 2-2 課程教材項下指標結果分析

　　向度 2-2 課程教材包含了五項指標。指標「2-2-1 能同時重視語言學習與認識他國文化。」的權重介於 .35 至 .94 之間，區間重心點為 .75，反模糊化數值（DF）為 .80；指標「2-2-2 能依學生學習情況進行滾動式修正，彈性調整雙語課程和教學課綱。」的權重介於 .35 至 .94 之間，區間重心點為 .82，反模糊化數值（DF）為 .82；指標「2-2-3 能安排循序漸進的內容來協助雙語學習。」的權重介於 .25 至 .94 之間，區間重心點為 .79，反模糊化數值（DF）為 .80；指標「2-2-4 由外部專家編寫教材或平臺來進行雙語教學。」的權重介於 .35 至 .94 之間，區間重心點為 .66，反模糊化數值（DF）為 .77；指標「2-2-5 應創研雙語校本教材。」的權重介於 .35 至 .94 之間，區間重心點為 .73，反模糊化數值（DF）為 .79。

經反模糊化數值排序，重要程度依序為「2-2-2 能依學生學習情況
進行滾動式修正，彈性調整雙語課程和教學課綱。」（.82）、
「2-2-1 能同時重視語言學習與認識他國文化。」與「2-2-3 能安
排循序漸進的內容來協助雙語學習。」兩個指標並列第二
（.80）、「2-2-5 應創研雙語校本教材。」（.79）、「2-2-4 由外
部專家編寫教材或平臺來進行雙語教學。」（.77）。此向度下的
五個指標之共識度（FDC）介於.79 至.82 之間，均大於.7，故予以
保留。向度「2-2 課程教材」項下指標分析結果如表 4-1-11。

表 4-1-11　向度「2-2 課程教材」項下指標分析結果

指標	L	M	U	DF	FDC	排序	保留／刪除
2-2-1 能同時重視語言學習與認識他國文化。	.35	.75	.94	.80	.81	2	保留
2-2-2 能依學生學習情況進行滾動式修正，彈性調整雙語課程和教學課綱。	.35	.82	.94	.82	.82	1	保留
2-2-3 能安排循序漸進的內容來協助雙語學習。	.25	.79	.94	.80	.79	2	保留
2-2-4 由外部專家編寫教材或平臺來進行雙語教學。	.35	.66	.94	.77	.80	5	保留
2-2-5 應創研雙語校本教材。	.35	.73	.94	.79	.79	4	保留

資料來源：筆者自行整理

五、向度 2-3 教師知能項下指標結果分析

向度 2-3 教師知能包含了五項指標。指標「2-3-1 能透過教師
研習、請教專業教師、上網蒐集資料來增加教師專業發展。」的權
重介於.25 至.94 之間，區間重心點為.79，反模糊化數值（DF）

為.80；指標「2-3-2 能組成雙語共備小組，進行共備討論。」的權重介於.25 至.94 之間，區間重心點為.78，反模糊化數值（DF）為.80；指標「2-3-3 校內自主的增能與培訓，來推動雙語教育。」的權重介於.25 至.94 之間，區間重心點為.76，反模糊化數值（DF）為.79；指標「2-3-4 能建置跨領域教師的緊密合作關係。」的權重介於.44 至.94 之間，區間重心點為.78，反模糊化數值（DF）為.82；指標「2-3-5 能由英語教師召集領域教師來組織／組成教師專業社群，扮演經驗分享。」的權重介於.25 至.94 之間，區間重心點為.67，反模糊化數值（DF）為.76。經反模糊化數值排序，重要程度依序為「2-3-4 能建置跨領域教師的緊密合作關係。」（.82）、「2-3-1 能透過教師研習、請教專業教師、上網蒐集資料來增加教師專業發展。」與「2-3-2 能組成雙語共備小組，進行共備討論。」兩個指標並列第二（.80）、「2-3-3 校內自主的增能與培訓，來推動雙語教育。」（.79）、「2-3-5 能由英語教師召集領域教師來組織／組成教師專業社群，扮演經驗分享。」（.76）。此向度下的五個指標之共識度（FDC）介於.75 至.83 之間，均大於.7，故予以保留。向度「2-3 教師知能」項下指標分析結果如表 4-1-12。

表 4-1-12　向度「2-3 教師知能」項下指標分析結果

指標	L	M	U	DF	FDC	排序	保留／刪除
2-3-1 能透過教師研習、請教專業教師、上網蒐集資料來增加教師專業發展。	.25	.79	.94	.80	.78	2	保留
2-3-2 能組成雙語共備小組，進行共備討論。	.25	.78	.94	.80	.79	2	保留

表 4-1-12　向度「2-3 教師知能」項下指標分析結果（續）

指標	L	M	U	DF	FDC	排序	保留／刪除
2-3-3 校內自主的增能與培訓，來推動雙語教育。	.25	.76	.94	.79	.79	4	保留
2-3-4 能建置跨領域教師的緊密合作關係。	.44	.78	.94	.82	.83	1	保留
2-3-5 能由英語教師召集領域教師來組織／組成教師專業社群，扮演經驗分享。	.25	.67	.94	.76	.75	5	保留

資料來源：筆者自行整理

六、向度 3-1 環境規劃項下指標結果分析

　　向度 3-1 環境規劃包含了四項指標。指標「3-1-1 能提供積極友善的雙語校園學習環境。」的權重介於 .35 至 .94 之間，區間重心點為 .77，反模糊化數值（DF）為 .81；指標「3-1-2 能重視真實語境下的應用，協助學生活化學習與瞭解。」的權重介於 .25 至 .94之間，區間重心點為 .77，反模糊化數值（DF）為 .79；指標「3-1-3能尊重學生群體的多元文化特質，創造多元的雙語學習環境。」的權重介於 .35 至 .94 之間，區間重心點為 .76，反模糊化數值（DF）為 .80；指標「3-1-4 能重視語用及學習落差，建構雙語環境。」的權重介於 .35 至 .94 之間，區間重心點為 .79，反模糊化數值（DF）為 .81。經反模糊化數值排序，重要程度依序為「3-1-1 能提供積極友善的雙語校園學習環境。」及「3-1-4 能重視語用及學習落差，建構雙語環境。」兩個指標並列第一（.81）、「3-1-3 能尊重學生群體的多元文化特質，創造多元的雙語學習環境。」（.80）、「3-1-2 能重視真實語境下的應用，協助學生活化學習與瞭解。」

（.79）。此向度下的四個指標之共識度（FDC）介於.79 至.82 之間，均大於.7，故予以保留。向度「3-1 環境規劃」項下指標分析結果如表 4-1-13。

表 4-1-13　向度「3-1 環境規劃」項下指標分析結果

指標	L	M	U	DF	FDC	排序	保留／刪除
3-1-1 能提供積極友善的雙語校園學習環境。	.35	.77	.94	.81	.82	1	保留
3-1-2 能重視真實語境下的應用，協助學生活化學習與瞭解。	.25	.77	.94	.79	.79	4	保留
3-1-3 能尊重學生群體的多元文化特質，創造多元的雙語學習環境。	.35	.76	.94	.80	.81	3	保留
3-1-4 能重視語用及學習落差，建構雙語環境。	.35	.79	.94	.81	.80	1	保留

資料來源：筆者自行整理

七、向度 3-2 教學設施項下指標結果分析

　　向度 3-2 教學設施包含了四項指標。指標「3-2-1 能善用數位科技工具來輔助雙語教學，打造不受時空限制的雙語學習環境。」的權重介於.44 至.94 之間，區間重心點為.80，反模糊化數值（DF）為.83；指標「3-2-2 能建置雙語情境教室，搭配觀看英語教學影片等多模式教學方式來增加雙語教學靈活度。」的權重介於.44 至.94 之間，區間重心點為.73，反模糊化數值（DF）為.81；指標「3-2-3 建置英聽廣播系統，來提升學習者英語能力。」的權重介於.49 至.94 之間，區間重心點為.74，反模糊化數值（DF）

為.81；指標「3-2-4 能發展課程平臺以協助雙語教育教學成效。」的權重介於.54 至.94 之間，區間重心點為.78，反模糊化數值（DF）為.83。經反模糊化數值排序，重要程度依序為「3-2-1 能善用數位科技工具來輔助雙語教學，打造不受時空限制的雙語學習環境。」及「3-2-4 能發展課程平臺以協助雙語教育教學成效。」兩個指標並列第一（.83）、「3-2-2 能建置雙語情境教室，搭配觀看英語教學影片等多模式教學方式來增加雙語教學靈活度。」及「3-2-3 建置英聽廣播系統，來提升學習者英語能力。」兩個指標並列第三（.81）。此向度下的四個指標之共識度（FDC）介於.83 至.87 之間，均大於.7，故予以保留。向度「3-2 教學設施」項下指標分析結果如表 4-1-14。

表 4-1-14　向度「3-2 教學設施」項下指標分析結果

指標	L	M	U	DF	FDC	排序	保留／刪除
3-2-1 能善用數位科技工具來輔助雙語教學，打造不受時空限制的雙語學習環境。	.44	.80	.94	.83	.84	1	保留
3-2-2 能建置雙語情境教室，搭配觀看英語教學影片等多模式教學方式來增加雙語教學靈活度。	.44	.73	.94	.81	.83	3	保留
3-2-3 建置英聽廣播系統，來提升學習者英語能力。	.49	.74	.94	.81	.85	3	保留
3-2-4 能發展課程平臺以協助雙語教育教學成效。	.54	.78	.94	.83	.87	1	保留

資料來源：筆者自行整理

八、向度 4-1 先備知識項下指標結果分析

　　向度 4-1 先備知識包含了四項指標。指標「4-1-1 能將自己的文化與他人的文化作連結。」的權重介於.54 至.94 之間，區間重心點為.75，反模糊化數值（DF）為.82；指標「4-1-2 能促使母語在教育中扮演了輔佐的角色，協助語言及其文化能同時被保存。」的權重介於.54 至.94 之間，區間重心點為.78，反模糊化數值（DF）為.83；指標「4-1-3 能在於基礎語法結構上建立更深層次的知識的學習。」的權重介於.35 至.94 之間，區間重心點為.76，反模糊化數值（DF）為.80；指標「4-1-4 能將所習得的知識技能，在雙語課堂中進行應用，使用英語表達自己的情感、分享自己的文化與生活經驗。」的權重介於.35 至.94 之間，區間重心點為.80，反模糊化數值（DF）為.82。經反模糊化數值排序，重要程度依序為「4-1-2 能促使母語在教育中扮演了輔佐的角色，協助語言及其文化能同時被保存。」（.83）、「4-1-1 能將自己的文化與他人的文化作連結。」及「4-1-4 能將所習得的知識技能，在雙語課堂中進行應用，使用英語表達自己的情感、分享自己的文化與生活經驗。」兩個指標並列第二（.82）、「4-1-3 能在於基礎語法結構上建立更深層次的知識的學習。」（.80）。此向度下的四個指標之共識度（FDC）介於.81 至.86 之間，均大於.7，故予以保留。向度「4-1 先備知識」項下指標分析結果如表 4-1-15。

表 4-1-15　向度「4-1 先備知識」項下指標分析結果

指標	L	M	U	DF	FDC	排序	保留／刪除
4-1-1 能將自己的文化與他人的文化作連結。	.54	.75	.94	.82	.85	2	保留

表 4-1-15　向度「4-1 先備知識」項下指標分析結果（續）

指標	L	M	U	DF	FDC	排序	保留／刪除
4-1-2 能促使母語在教育中扮演了輔佐的角色，協助語言及其文化能同時被保存。	.54	.78	.94	.83	.86	1	保留
4-1-3 能在於基礎語法結構上建立更深層次的知識的學習。	.35	.76	.94	.80	.82	4	保留
4-1-4 能將所習得的知識技能，在雙語課堂中進行應用，使用英語表達自己的情感、分享自己的文化與生活經驗。	.35	.80	.94	.82	.81	2	保留

資料來源：筆者自行整理

九、向度 4-2 學習興趣與動機項下指標結果分析

　　向度 4-2 學習興趣與動機包含了四項指標。指標「4-2-1 能從有趣的學科內容及多元的課堂活動來激發學習動機。」的權重介於.44 至.94 之間，區間重心點為.85，反模糊化數值（DF）為.84；指標「4-2-2 能在學習過程中產生成就感。」的權重介於.44 至.94 之間，區間重心點為.84，反模糊化數值（DF）為.84；指標「4-2-3 允許學生在使用雙語時的語法或詞彙使用錯誤。」的權重介於.44 至.94 之間，區間重心點為.83，反模糊化數值（DF）為.84；指標「4-2-4 師生能以自然的方式來交流。」的權重介於.35 至.94 之間，區間重心點為.82，反模糊化數值（DF）為.82。經反模糊化數值排序，重要程度依序為「4-2-1 能從有趣的學科內容及多元的課堂活動來激發學習動機。」與「4-2-2 能在學習過程中產生成

感。」及「4-2-3 允許學生在使用雙語時的語法或詞彙使用錯誤。」三個指標並列第一（.84）、「4-2-4 師生能以自然的方式來交流。」（.82）。此向度下的四個指標之共識度（FDC）介於.81 至.84 之間，均大於.7，故予以保留。向度「4-2 學習興趣與動機」項下指標分析結果如表 4-1-16。

表 4-1-16　向度「4-2 學習興趣與動機」項下指標分析結果

指標	L	M	U	DF	FDC	排序	保留／刪除
4-2-1 能從有趣的學科內容及多元的課堂活動來激發學習動機。	.44	.85	.94	.84	.84	1	保留
4-2-2 能在學習過程中產生成就感。	.44	.84	.94	.84	.84	1	保留
4-2-3 允許學生在使用雙語時的語法或詞彙使用錯誤。	.44	.83	.94	.84	.83	1	保留
4-2-4 師生能以自然的方式來交流。	.35	.82	.94	.82	.81	4	保留

資料來源：筆者自行整理

十、向度 4-3 學習評量項下指標結果分析

　　向度 4-3 學習評量包含了五項指標。指標「4-3-1 教師能掌握學生進度並進行評估。」的權重介於.35 至.94 之間，區間重心點為.80，反模糊化數值（DF）為.82；指標「4-3-2 教師能給予學生關於學習上的回饋。」的權重介於.35 至.94 之間，區間重心點為.83，反模糊化數值（DF）為.82；指標「4-3-3 能具外部測驗的結果分析。」的權重介於.35 至.94 之間，區間重心點為.73，反模

糊化數值（DF）為.79；指標「4-3-4 能檢核學生在實際情況中使用英文的能力。」的權重介於.35 至.94 之間，區間重心點為.80，反模糊化數值（DF）為.81；指標「4-3-5 能並重語言與學科內容兩項評量。」的權重介於.25 至.94 之間，區間重心點為.73，反模糊化數值（DF）為.78。經反模糊化數值排序，重要程度依序為「4-3-1 教師能掌握學生進度並進行評估。」與「4-3-2 教師能給予學生關於學習上的回饋。」兩個指標並列第一（.82）、「4-3-4 能檢核學生在實際情況中使用英文的能力。」（.81）、「4-3-3 能具外部測驗的結果分析。」（.79）、「4-3-5 能並重語言與學科內容兩項評量。」（.78）。此向度下的五個指標之共識度（FDC）介於.78 至.83 之間，均大於.7，故予以保留。向度「4-3 學習評量」項下指標分析結果如表 4-1-17。

表 4-1-17 向度「4-3 學習評量」項下指標分析結果

指標	L	M	U	DF	FDC	排序	保留／刪除
4-3-1 教師能掌握學生進度並進行評估。	.35	.80	.94	.82	.83	1	保留
4-3-2 教師能給予學生關於學習上的回饋。	.35	.83	.94	.82	.82	1	保留
4-3-3 能具外部測驗的結果分析。	.35	.73	.94	.79	.83	4	保留
4-3-4 能檢核學生在實際情況中使用英文的能力。	.35	.80	.94	.81	.82	3	保留
4-3-5 能並重語言與學科內容兩項評量。	.25	.73	.94	.78	.78	5	保留

資料來源：筆者自行整理

十一、向度 5-1 家長參與項下指標結果分析

　　向度 5-1 家長參與包含了四項指標。指標「5-1-1 家長能參與、配合並具有共識推行雙語教育，以提高雙語教育的質與量。」的權重介於.44 至.94 之間，區間重心點為.74，反模糊化數值（DF）為.81；指標「5-1-2 家長參與成果發表活動，具雙語教育宣傳成效。」的權重介於.44 至.94 之間，區間重心點為.73，反模糊化數值（DF）為.80；指標「5-1-3 能支持學校辦理雙語教學的活動，且重視子女的英文學習。」的權重介於.35 至.94 之間，區間重心點為.75，反模糊化數值（DF）為.80；指標「5-1-4 廣納家長的意見及期待，找出最適合孩子的雙語學習方式。」的權重介於.44 至.94 之間，區間重心點為.73，反模糊化數值（DF）為.81。經反模糊化數值排序，重要程度依序為「5-1-1 家長能參與、配合並具有共識推行雙語教育，以提高雙語教育的質與量。」及「5-1-4 廣納家長的意見及期待，找出最適合孩子的雙語學習方式。」兩個指標並列第一（.81）、「5-1-2 家長參與成果發表活動，具雙語教育宣傳成效。」及「5-1-3 能支持學校辦理雙語教學的活動，且重視子女的英文學習。」兩個指標並列第三（.80）。此向度下的四個指標之共識度（FDC）介於.81 至.86 之間，均大於.7，故予以保留。向度「5-1 家長參與」項下指標分析結果如表 4-1-18。

表 4-1-18　向度「5-1 家長參與」項下指標分析結果

指標	L	M	U	DF	FDC	排序	保留／刪除
5-1-1 家長能參與、配合並具有共識推行雙語教育，以提高雙語教育的質與量。	.44	.74	.94	.81	.84	1	保留

表 4-1-18 向度「5-1 家長參與」項下指標分析結果（續）

指標	L	M	U	DF	FDC	排序	保留／刪除
5-1-2 家長參與成果發表活動，具雙語教育宣傳成效。	.44	.73	.94	.80	.81	3	保留
5-1-3 能支持學校辦理雙語教學的活動，且重視子女的英文學習。	.35	.75	.94	.80	.82	3	保留
5-1-4 廣納家長的意見及期待，找出最適合孩子的雙語學習方式。	.44	.73	.94	.81	.86	1	保留

資料來源：筆者自行整理

十二、向度 5-2 社區融入項下指標結果分析

　　向度 5-2 社區融入包含了四項指標。指標「5-2-1 能考量臺灣在地文化，非僅一昧地移植他國的經驗。」的權重介於.35 至.94之間，區間重心點為.72，反模糊化數值（DF）為.79；指標「5-2-2 能將雙語教育與在地融合互相搭配。」的權重介於.44 至.94 之間，區間重心點為.75，反模糊化數值（DF）為.81；指標「5-2-4 學校在發展雙語教育之時，應彰顯屬於自己社區的在地文化。」的權重介於.44 至.94 之間，區間重心點為.71，反模糊化數值（DF）為.80。經反模糊化數值排序，重要程度依序為「5-2-2 能將雙語教育與在地融合互相搭配。」及「5-2-3 能建構出學校社區的配套措施與支持系統。」兩個指標並列第一（.81）、「5-2-4 學校在發展雙語教育之時，應彰顯屬於自己社區的在地文化。」（.80）、「5-2-1 能考量臺灣在地文化，非僅一昧地移植他國的經驗。」（.79）。此向度下的四個指標之共識度（FDC）介於.80 至.83 之

間，均大於.7，故予以保留。向度「5-2 社區融入」項下指標分析
結果如表 4-1-19。

表 4-1-19 向度「5-2 社區融入」項下指標分析結果

指標	L	M	U	DF	FDC	排序	保留／刪除
5-2-1 能考量臺灣在地文化，非僅一昧地移植他國的經驗。	.35	.72	.94	.79	.80	4	保留
5-2-2 能將雙語教育與在地融合互相搭配。	.44	.75	.94	.81	.82	1	保留
5-2-3 能建構出學校社區的配套措施與支持系統。	.44	.74	.94	.81	.83	1	保留
5-2-4 學校在發展雙語教育之時，應彰顯屬於自己社區的在地文化。	.44	.71	.94	.80	.81	3	保留

資料來源：筆者自行整理

伍、小結

綜觀上述層面，向度及指標的重要程度與共識性分析，12 位
學者對於本書指標系統之五十四項指標之共識程度皆大於.7，故所
有指標皆予以保留。

第二節　雙語教育策略指標系統權重之分析結果

本書以「雙語教育策略指標系統——相對權重專家問卷」為研
究工具，邀請 12 位學者專家透過兩兩比較的方式，來勾選彼此的

重要程度。並計算相對權重分數、三角模糊數與反模糊化後，呈現層面、向度及指標的模糊權重值。L 是呈現該指標權重的最小值，U 是最大值，M 為重心值。以下分別呈現各個項目模糊權重分析的結果。

壹、指標系統「層面」之模糊權重分析

行政管理層面的權重介於.054 至.368、課程教學層面的權重介於.222 至.581、教學環境層面的權重介於.042 至.244、學生學習層面的權重介於.053 至.620、家長與社區參與層面的權重介於.024 至.046。本書以重心法解模糊化後，得出各個層面的模糊權重值，依權重排序，依序為行政管理（.169）、課程教學（.400）、教學環境（.131）、學生學習（.307）、家長與社區參與（.034）。層面模糊權重分析結果如表 4-2-1。

表 4-2-1　層面模糊權重分析結果

層面	L	M	U	DF	排序
行政管理	.054	.086	.368	.169	3
課程教學	.222	.399	.581	.400	1
教學環境	.042	.107	.244	.131	4
學生學習	.053	.248	.620	.307	2
家長與社區參與	.024	.032	.046	.034	5

資料來源：筆者自行整理

貳、指標系統「向度」之模糊權重分析

本書指標系統五個層面下共計十二個向度，以下分別就行政管理、課程教學、教學環境、學生學習及家長與社區參與項下的向

度進行權重分析。

一、行政管理層面之向度權重分析結果

　　行政管理層面下有兩個向度，分別為「1-1 校長領導」、「1-2 績效評鑑」。其中「1-1 校長領導」的權重介於.667 至.875；「1-2 績效評鑑」的權重介於.125 至.333。解模糊化後得出各個向度的模糊權重值，依權重排序，依序為「1-1 校長領導」（.788）、「1-2 績效評鑑」（.208）。本書行政管理層面項下之向度權重分析結果如表 4-2-2。

表 4-2-2　行政管理層面項下之向度權重分析結果

向度	L	M	U	DF	排序
1-1 校長領導	.667	.823	.875	.788	1
1-2 績效評鑑	.125	.166	.333	.208	2

資料來源：筆者自行整理

二、課程教學層面之向度權重分析結果

　　課程教學層面下有三個向度，分別為「2-1 教學方法」、「2-2 課程教材」、「2-3 教師知能」。其中「2-1 教學方法」的權重介於.066 至.761；「2-2 課程教材」的權重介於.048 至.594；「2-3 教師知能」的權重介於.191 至.797。解模糊化後得出各個向度的模糊權重值，依權重排序，依序為「2-3 教師知能」（.511）、「2-1 教學方法」（.343）、「2-2 課程教材」（.251）。本書課程教學層面項下之向度權重分析結果如表 4-2-3。

表 4-2-3　課程教學層面項下之向度權重分析結果

向度	L	M	U	DF	排序
2-1 教學方法	.066	.203	.761	.343	2
2-2 課程教材	.048	.111	.594	.251	3
2-3 教師知能	.191	.545	.797	.511	1

資料來源：筆者自行整理

三、教學環境層面之向度權重分析結果

　　教學環境層面下有兩個向度，分別為「3-1 環境規劃」、「3-2 教學設施」。其中「3-1 環境規劃」的權重介於.125 至.900；「3-2 教學設施」的權重介於.100 至.875。解模糊化後得出各個向度的模糊權重值，依權重排序，依序為「3-2 教學設施」（.502）、「3-1 環境規劃」（.440）。本書教學環境層面項下之向度權重分析結果如表 4-2-4。

表 4-2-4　教學環境層面項下之向度權重分析結果

向度	L	M	U	DF	排序
3-1 環境規劃	.125	.295	.900	.440	2
3-2 教學設施	.100	.530	.875	.502	1

資料來源：筆者自行整理

四、學生學習層面之向度權重分析結果

　　學生學習層面下有三個向度，分別為「4-1 先備知識」、「4-2 學習興趣與動機」、「4-3 學習評量」。其中「4-1 先備知識」的權重介於.047 至.333；「4-2 學習興趣與動機」的權重介於.046

至 .775；「4-3 學習評量」的權重介於 .068 至 .787。解模糊化後得出各個向度的模糊權重值，依權重排序，依序為「4-2 學習興趣與動機」（.434）、「4-3 學習評量」（.340）、「4-1 先備知識」（.172）。本書學生學習層面項下之向度權重分析結果如表 4-2-5。

表 4-2-5　學生學習層面項下之向度權重分析結果

向度	L	M	U	DF	排序
4-1 先備知識	.047	.137	.333	.172	3
4-2 學習興趣與動機	.046	.482	.775	.434	1
4-3 學習評量	.068	.166	.787	.340	2

資料來源：筆者自行整理

五、家長與社區參與層面之向度權重分析結果

家長與社區參與層面下有兩個向度，分別為「5-1 家長參與」、「5-2 社區融入」。其中「5-1 家長參與」的權重介於 .125 至 .875；「5-2 社區融入」的權重介於 .125 至 .875。解模糊化後得出各個向度的模糊權重值，依權重排序，依序為「5-1 家長參與」（.538）、「5-2 社區融入」（.411）。本書家長與社區參與層面項下之向度權重分析結果如表 4-2-6。

表 4-2-6　家長與社區參與層面項下之向度權重分析結果

向度	L	M	U	DF	排序
5-1 家長參與	.125	.615	.875	.538	1
5-2 社區融入	.125	.234	.875	.411	2

資料來源：筆者自行整理

參、指標系統「指標」之模糊權重分析

本書指標系統包含五十四個指標，行政管理層面有十個指標、課程教學層面有十五個指標、教學環境層面有八個指標、學生學習層面有十三個指標、家長與社區參與層面有八個指標。以下呈現各個向度的指標權重分析。

一、向度「1-1 校長領導」項下指標權重分析結果

向度「1-1 校長領導」下包含五項指標，分別為「1-1-1 能凝聚共識，重新盤點資源，研擬出適合的雙語教育計畫。」、「1-1-2 能聘任使用雙語進行溝通的教職員。」、「1-1-3 能帶起學校成員正向的溝通氣氛。」、「1-1-4 能帶領行政部門對雙語教育設立共同的願景和目標。」、「1-1-5 能以身作則使用雙語，建置校內良好的雙語典範。」。其中「1-1-1 能凝聚共識，重新盤點資源，研擬出適合的雙語教育計畫。」權重介於.051 至.550；「1-1-2 能聘任使用雙語進行溝通的教職員。」權重介於.026 至.600；「1-1-3 能帶起學校成員正向的溝通氣氛。」權重介於.049 至.282；「1-1-4 能帶領行政部門對雙語教育設立共同的願景和目標。」權重介於.027 至.584；「1-1-5 能以身作則使用雙語，建置校內良好的雙語典範。」權重介於.027 至.620。解模糊化後依權重排序為「1-1-1 能凝聚共識，重新盤點資源，研擬出適合的雙語教育計畫。」（.269）、「1-1-4 能帶領行政部門對雙語教育設立共同的願景和目標。」（.265）、「1-1-5 能以身作則使用雙語，建置校內良好的雙語典範。」（.248）、「1-1-2 能聘任使用雙語進行溝通的教職員。」（.236）、「1-1-3 能帶起學校成員正向的溝通氣氛。」（.153）。向度「1-1 校長領導」下之指標權重分析結果如表 4-2-7。

表 4-2-7　向度「1-1 校長領導」下之指標權重分析結果

指標	L	M	U	DF	排序
1-1-1 能凝聚共識，重新盤點資源，研擬出適合的雙語教育計畫。	.051	.208	.550	.269	1
1-1-2 能聘任使用雙語進行溝通的教職員。	.026	.083	.600	.236	4
1-1-3 能帶起學校成員正向的溝通氣氛。	.049	.128	.282	.153	5
1-1-4 能帶領行政部門對雙語教育設立共同的願景和目標。	.027	.182	.584	.265	2
1-1-5 能以身作則使用雙語，建置校內良好的雙語典範。	.027	.098	.620	.248	3

資料來源：筆者自行整理

二、向度「1-2 績效評鑑」項下指標權重分析結果

　　向度「1-2 績效評鑑」下包含五項指標，分別為「1-2-1 各校雙語計畫須持續調整與修正，逐步找到合適的雙語政策定位。」、「1-2-2 針對各校不同的雙語推動政策，須有一套自我檢核的評鑑方式。」、「1-2-3 能具備雙語師資與課程審查及檢核機制。」、「1-2-4 能符合在地文化的需求。」、「1-2-5 能含括師資、軟硬體設備、課程、行政等多方面之績效衡量構面。」。其中「1-2-1 各校雙語計畫須持續調整與修正，逐步找到合適的雙語政策定位。」權重介於.046 至.548；「1-2-2 針對各校不同的雙語推動政策，須有一套自我檢核的評鑑方式。」權重介於.081 至.538；「1-2-3 能具備雙語師資與課程審查及檢核機制。」權重介於.054 至.579；「1-2-4 能符合在地文化的需求。」權重介於.027 至.261；「1-2-5 能含括師資、軟硬體設備、課程、行政等多方面之績效衡量構

面。」權重介於.056 至.597。解模糊化後依權重排序為「1-2-3 能具備雙語師資與課程審查及檢核機制。」（.274）、「1-2-1 各校雙語計畫須持續調整與修正，逐步找到合適的雙語政策定位。」（.268）、「1-2-2 針對各校不同的雙語推動政策，須有一套自我檢核的評鑑方式。」（.268）、「1-2-5 能含括師資、軟硬體設備、課程、行政等多方面之績效衡量構面。」（.263）、「1-2-4 能符合在地文化的需求。」（.113）。向度「1-2 績效評鑑」下之指標權重分析結果如表 4-2-8。

表 4-2-8　向度「1-2 績效評鑑」下之指標權重分析結果

指標	L	M	U	DF	排序
1-2-1 各校雙語計畫須持續調整與修正，逐步找到合適的雙語政策定位。	.046	.209	.548	.268	2
1-2-2 針對各校不同的雙語推動政策，須有一套自我檢核的評鑑方式。	.081	.186	.538	.268	2
1-2-3 能具備雙語師資與課程審查及檢核機制。	.054	.191	.579	.274	1
1-2-4 能符合在地文化的需求。	.027	.052	.261	.113	5
1-2-5 能含括師資、軟硬體設備、課程、行政等多方面之績效衡量構面。	.056	.137	.597	.263	4

資料來源：筆者自行整理

三、向度「2-1 教學方法」項下指標權重分析結果

　　向度「2-1 教學方法」下包含五項指標，分別為「2-1-1 能結

合中文和英文來整合雙語學習。」、「2-1-2 能建構領域螺旋式鷹架。」、「2-1-3 需要教學者和學習者之間的互動。」、「2-1-4 能以能力分組、差異化教學、科技輔具、英語助教等方法來提升雙語教學的實施。」、「2-1-5 能由專業外師與本地教師進行協同教學、共同備課，達到互補、互利的成效。」。其中「2-1-1 能結合中文和英文來整合雙語學習。」權重介於.034 至.616；「2-1-2 能建構領域螺旋式鷹架。」權重介於.024 至.598；「2-1-3 需要教學者和學習者之間的互動。」權重介於.061 至.549；「2-1-4 能以能力分組、差異化教學、科技輔具、英語助教等方法來提升雙語教學的實施。」權重介於.051 至.537；「2-1-5 能由專業外師與本地教師進行協同教學、共同備課，達到互補、互利的成效。」權重介於.028 至.502。解模糊化後依權重排序為「2-1-1 能結合中文和英文來整合雙語學習。」（.279）、「2-1-2 能建構領域螺旋式鷹架。」（.259）、「2-1-3 需要教學者和學習者之間的互動。」（.249）、「2-1-4 能以能力分組、差異化教學、科技輔具、英語助教等方法來提升雙語教學的實施。」（.249）、「2-1-5 能由專業外師與本地教師進行協同教學、共同備課，達到互補、互利的成效。」（.198）。向度「2-1 教學方法」下之指標權重分析結果如表 4-2-9。

表 4-2-9　向度「2-1 教學方法」下之指標權重分析結果

指標	L	M	U	DF	排序
2-1-1 能結合中文和英文來整合雙語學習。	.034	.186	.616	.279	1
2-1-2 能建構領域螺旋式鷹架。	.024	.156	.598	.259	2

表 4-2-9　向度「2-1 教學方法」下之指標權重分析結果（續）

指標	L	M	U	DF	排序
2-1-3 需要教學者和學習者之間的互動。	.061	.138	.549	.249	3
2-1-4 能以能力分組、差異化教學、科技輔具、英語助教等方法來提升雙語教學的實施。	.051	.158	.537	.249	3
2-1-5 能由專業外師與本地教師進行協同教學、共同備課，達到互補、互利的成效。	.028	.064	.502	.198	5

資料來源：筆者自行整理

四、向度「2-2 課程教材」項下指標權重分析結果

　　向度「2-2 課程教材」下包含五項指標，分別為「2-2-1 能同時重視語言學習與認識他國文化。」、「2-2-2 能依學生學習情況進行滾動式修正，彈性調整雙語課程和教學課綱。」、「2-2-3 能安排循序漸進的內容來協助雙語學習。」、「2-2-4 由外部專家編寫教材或平臺來進行雙語教學。」、「2-2-5 應創研雙語校本教材。」。其中「2-2-1 能同時重視語言學習與認識他國文化。」權重介於.025 至.431；「2-2-2 能依學生學習情況進行滾動式修正，彈性調整雙語課程和教學課綱。」權重介於.126 至.626；「2-2-3 能安排循序漸進的內容來協助雙語學習。」權重介於.069 至.555；「2-2-4 由外部專家編寫教材或平臺來進行雙語教學。」權重介於.028 至.266；「2-2-5 應創研雙語校本教材。」權重介於.032 至.580。解模糊化後依權重排序為「2-2-2 能依學生學習情況進行滾動式修正，彈性調整雙語課程和教學課綱。」（.349）、「2-2-3 能安排循序漸進的內容來協助雙語學習。」（.310）、「2-2-5 應

創研雙語校本教材。」（.224）、「2-2-1 能同時重視語言學習與認識他國文化。」（.182）、「2-2-4 由外部專家編寫教材或平臺來進行雙語教學。」（.124）。向度「2-2 課程教材」下之指標權重分析結果如表 4-2-10。

表 4-2-10　向度「2-2 課程教材」下之指標權重分析結果

指標	L	M	U	DF	排序
2-2-1 能同時重視語言學習與認識他國文化。	.025	.091	.431	.182	4
2-2-2 能依學生學習情況進行滾動式修正，彈性調整雙語課程和教學課綱。	.126	.294	.626	.349	1
2-2-3 能安排循序漸進的內容來協助雙語學習。	.069	.306	.555	.310	2
2-2-4 由外部專家編寫教材或平臺來進行雙語教學。	.028	.078	.266	.124	5
2-2-5 應創研雙語校本教材。	.032	.060	.580	.224	3

資料來源：筆者自行整理

五、向度「2-3 教師知能」項下指標權重分析結果

向度「2-3 教師知能」下包含五項指標，分別為「2-3-1 能透過教師研習、請教專業教師、上網蒐集資料來增加教師專業發展。」、「2-3-2 能組成雙語共備小組，進行共備討論。」、「2-3-3 校內自主的增能與培訓，來推動雙語教育。」、「2-3-4 能建置跨領域教師的緊密合作關係。」、「2-3-5 能由英語教師召集領域教師來組織／組成教師專業社群，扮演經驗分享。」。其中「2-3-1 能透過教師研習、請教專業教師、上網蒐集資料來增加教師專業發展。」權重介於.027 至.527；「2-3-2 能組成雙語共備小組，進行

共備討論。」權重介於.042 至.542;「2-3-3 校內自主的增能與培訓,來推動雙語教育。」權重介於.063 至.550;「2-3-4 能建置跨領域教師的緊密合作關係。」權重介於.046 至.292;「2-3-5 能由英語教師召集領域教師來組織/組成教師專業社群,扮演經驗分享。」權重介於.027 至.452。解模糊化後依權重排序為「2-3-2 能組成雙語共備小組,進行共備討論。」(.279)、「2-3-3 校內自主的增能與培訓,來推動雙語教育。」(.255)、「2-3-1 能透過教師研習、請教專業教師、上網蒐集資料來增加教師專業發展。」(.236)、「2-3-5 能由英語教師召集領域教師來組織/組成教師專業社群,扮演經驗分享。」(.188)、「2-3-4 能建置跨領域教師的緊密合作關係。」(.152)。向度「2-3 教師知能」下之指標權重分析結果如表 4-2-11。

表 4-2-11　向度「2-3 教師知能」下之指標權重分析結果

指標	L	M	U	DF	排序
2-3-1 能透過教師研習、請教專業教師、上網蒐集資料來增加教師專業發展。	.027	.154	.527	.236	3
2-3-2 能組成雙語共備小組,進行共備討論。	.042	.254	.542	.279	1
2-3-3 校內自主的增能與培訓,來推動雙語教育。	.063	.153	.550	.255	2
2-3-4 能建置跨領域教師的緊密合作關係。	.046	.119	.292	.152	5
2-3-5 能由英語教師召集領域教師來組織/組成教師專業社群,扮演經驗分享。	.027	.084	.452	.188	4

資料來源:筆者自行整理

六、向度「3-1 環境規劃」項下指標權重分析結果

　　向度「3-1 環境規劃」下包含四項指標，分別為「3-1-1 能提供積極友善的雙語校園學習環境。」、「3-1-2 能重視真實語境下的應用，協助學生活化學習與瞭解。」、「3-1-3 能尊重學生群體的多元文化特質，創造多元的雙語學習環境。」、「3-1-4 能重視語用及學習落差，建構雙語環境。」。其中「3-1-1 能提供積極友善的雙語校園學習環境。」權重介於.044 至.585；「3-1-2 能重視真實語境下的應用，協助學生活化學習與瞭解。」權重介於.221至.617；「3-1-3 能尊重學生群體的多元文化特質，創造多元的雙語學習環境。」權重介於.052 至.250；「3-1-4 能重視語用及學習落差，建構雙語環境。」權重介於.050 至.639。解模糊化後依權重排序為「3-1-2 能重視真實語境下的應用，協助學生活化學習與瞭解。」（.387）、「3-1-4 能重視語用及學習落差，建構雙語環境。」（.284）、「3-1-1 能提供積極友善的雙語校園學習環境。」（.283）、「3-1-3 能尊重學生群體的多元文化特質，創造多元的雙語學習環境。」（.133）。向度「3-1 環境規劃」下之指標權重分析結果如表 4-2-12。

表 4-2-12　向度「3-1 環境規劃」下之指標權重分析結果

指標	L	M	U	DF	排序
3-1-1 能提供積極友善的雙語校園學習環境。	.044	.221	.585	.283	3
3-1-2 能重視真實語境下的應用，協助學生活化學習與瞭解。	.221	.323	.617	.387	1
3-1-3 能尊重學生群體的多元文化特質，創造多元的雙語學習環境。	.052	.097	.250	.133	4

表 4-2-12　向度「3-1 環境規劃」下之指標權重分析結果（續）

指標	L	M	U	DF	排序
3-1-4 能重視語用及學習落差，建構雙語環境。	.050	.164	.639	.284	2

資料來源：筆者自行整理

七、向度「3-2 教學設施」項下指標權重分析結果

　　向度「3-2 教學設施」下包含四項指標，分別為「3-2-1 能善用數位科技工具來輔助雙語教學，打造不受時空限制的雙語學習環境。」、「3-2-2 能建置雙語情境教室，搭配觀看英語教學影片等多模式教學方式來增加雙語教學靈活度。」、「3-2-3 建置英聽廣播系統，來提升學習者英語能力。」、「3-2-4 能發展課程平臺以協助雙語教育教學成效。」。其中「3-2-1 能善用數位科技工具來輔助雙語教學，打造不受時空限制的雙語學習環境。」權重介於.090 至.700；「3-2-2 能建置雙語情境教室，搭配觀看英語教學影片等多模式教學方式來增加雙語教學靈活度。」權重介於.052 至.632；「3-2-3 建置英聽廣播系統，來提升學習者英語能力。」權重介於.044 至.240；「3-2-4 能發展課程平臺以協助雙語教育教學成效。」權重介於.040 至.564。解模糊化後依權重排序為「3-2-1 能善用數位科技工具來輔助雙語教學，打造不受時空限制的雙語學習環境。」（.407）、「3-2-2 能建置雙語情境教室，搭配觀看英語教學影片等多模式教學方式來增加雙語教學靈活度。」（.281）、「3-2-4 能發展課程平臺以協助雙語教育教學成效。」（.248）、「3-2-3 建置英聽廣播系統，來提升學習者英語能力。」（.121）。向度「3-2 教學設施」下之指標權重分析結果如表 4-2-13。

表 4-2-13　向度「3-2 教學設施」下之指標權重分析結果

指標	L	M	U	DF	排序
3-2-1 能善用數位科技工具來輔助雙語教學,打造不受時空限制的雙語學習環境。	.090	.432	.700	.407	1
3-2-2 能建置雙語情境教室,搭配觀看英語教學影片等多模式教學方式來增加雙語教學靈活度。	.052	.160	.632	.281	2
3-2-3 建置英聽廣播系統,來提升學習者英語能力。	.044	.080	.240	.121	4
3-2-4 能發展課程平臺以協助雙語教育教學成效。	.040	.141	.564	.248	3

資料來源:筆者自行整理

八、向度「4-1 先備知識」項下指標權重分析結果

　　向度「4-1 先備知識」下包含四項指標,分別為「4-1-1 能將自己的文化與他人的文化作連結。」、「4-1-2 能促使母語在教育中扮演了輔佐的角色,協助語言及其文化能同時被保存。」、「4-1-3 能在於基礎語法結構上建立更深層次的知識的學習。」、「4-1-4 能將所習得的知識技能,在雙語課堂中進行應用,使用英語表達自己的情感、分享自己的文化與生活經驗。」。其中「4-1-1 能將自己的文化與他人的文化作連結。」權重介於.055 至.236;「4-1-2 能促使母語在教育中扮演了輔佐的角色,協助語言及其文化能同時被保存。」權重介於.043 至.618;「4-1-3 能在於基礎語法結構上建立更深層次的知識的學習。」權重介於.041 至.417;「4-1-4 能將所習得的知識技能,在雙語課堂中進行應用,使用英語表達自己的情感、分享自己的文化與生活經驗。」權重介於.245 至.627。解

模糊化後依權重排序為「4-1-4 能將所習得的知識技能，在雙語課堂中進行應用，使用英語表達自己的情感、分享自己的文化與生活經驗。」（.452）、「4-1-2 能促使母語在教育中扮演了輔佐的角色，協助語言及其文化能同時被保存。」（.259）、「4-1-3 能在於基礎語法結構上建立更深層次的知識的學習。」（.208）、「4-1-1 能將自己的文化與他人的文化作連結。」（.134）。向度「4-1 先備知識」下之指標權重分析結果如表 4-2-14。

表 4-2-14 向度「4-1 先備知識」下之指標權重分析結果

指標	L	M	U	DF	排序
4-1-1 能將自己的文化與他人的文化作連結。	.055	.110	.236	.134	4
4-1-2 能促使母語在教育中扮演了輔佐的角色，協助語言及其文化能同時被保存。	.043	.115	.618	.259	2
4-1-3 能在於基礎語法結構上建立更深層次的知識的學習。	.041	.166	.417	.208	3
4-1-4 能將所習得的知識技能，在雙語課堂中進行應用，使用英語表達自己的情感、分享自己的文化與生活經驗。	.245	.485	.627	.452	1

資料來源：筆者自行整理

九、向度「4-2 學習興趣與動機」項下指標權重分析結果

向度「4-2 學習興趣與動機」下包含四項指標，分別為「4-2-1 能從有趣的學科內容及多元的課堂活動來激發學習動機。」、「4-2-2 能在學習過程中產生成就感。」、「4-2-3 允許學生在使用雙語時的語法或詞彙使用錯誤。」、「4-2-4 師生能以自然的方式來交

流。」。其中「4-2-1 能從有趣的學科內容及多元的課堂活動來激發學習動機。」權重介於.048 至.627；「4-2-2 能在學習過程中產生成就感。」權重介於.053 至.619；「4-2-3 允許學生在使用雙語時的語法或詞彙使用錯誤。」權重介於.039 至.263；「4-2-4 師生能以自然的方式來交流。」權重介於.055 至.659。解模糊化後依權重排序為「4-2-1 能從有趣的學科內容及多元的課堂活動來激發學習動機。」（.332）、「4-2-2 能在學習過程中產生成就感。」（.303）、「4-2-4 師生能以自然的方式來交流。」（.283）、「4-2-3 允許學生在使用雙語時的語法或詞彙使用錯誤。」（.132）。向度「4-2 學習興趣與動機」下之指標權重分析結果如表 4-2-15。

表 4-2-15　向度「4-2 學習興趣與動機」下之指標權重分析結果

指標	L	M	U	DF	排序
4-2-1 能從有趣的學科內容及多元的課堂活動來激發學習動機。	.048	.325	.627	.332	1
4-2-2 能在學習過程中產生成就感。	.053	.239	.619	.303	2
4-2-3 允許學生在使用雙語時的語法或詞彙使用錯誤。	.039	.093	.263	.132	4
4-2-4 師生能以自然的方式來交流。	.055	.135	.659	.283	3

資料來源：筆者自行整理

十、向度「4-3 學習評量」項下指標權重分析結果

向度「4-3 學習評量」下包含五項指標，分別為「4-3-1 教師能掌握學生進度並進行評估。」、「4-3-2 教師能給予學生關於學

習上的回饋。」、「4-3-3 能具外部測驗的結果分析。」、「4-3-4
能檢核學生在實際情況中使用英文的能力。」、「4-3-5 能並重語
言與學科內容兩項評量。」。其中「4-3-1 教師能掌握學生進度並
進行評估。」權重介於.065 至.555；「4-3-2 教師能給予學生關於
學習上的回饋。」權重介於.073 至.534；「4-3-3 能具外部測驗的
結果分析。」權重介於.026 至.168；「4-3-4 能檢核學生在實際情
況中使用英文的能力。」權重介於.056 至.432；「4-3-5 能並重語
言與學科內容兩項評量。」權重介於.034 至.544。解模糊化後依權
重排序為「4-3-1 教師能掌握學生進度並進行評估。」（.300）、
「4-3-2 教師能給予學生關於學習上的回饋。」（.275）、「4-3-5
能並重語言與學科內容兩項評量。」（.233）、「4-3-4 能檢核學
生在實際情況中使用英文的能力。」（.206）、「4-3-3 能具外部
測驗的結果分析。」（.083）。向度「4-3 學習評量」下之指標權
重分析結果如表 4-2-16。

表 4-2-16　向度「4-3 學習評量」下之指標權重分析結果

指標	L	M	U	DF	排序
4-3-1 教師能掌握學生進度並進行評估。	.065	.281	.555	.300	1
4-3-2 教師能給予學生關於學習上的回饋。	.073	.217	.534	.275	2
4-3-3 能具外部測驗的結果分析。	.026	.055	.168	.083	5
4-3-4 能檢核學生在實際情況中使用英文的能力。	.056	.131	.432	.206	4
4-3-5 能並重語言與學科內容兩項評量。	.034	.120	.544	.233	3

資料來源：筆者自行整理

十一、向度「5-1 家長參與」項下指標權重分析結果

向度「5-1 家長參與」下包含四項指標，分別為「5-1-1 家長能參與、配合並具有共識推行雙語教育，以提高雙語教育的質與量。」、「5-1-2 家長參與成果發表活動，具雙語教育宣傳成效。」、「5-1-3 能支持學校辦理雙語教學的活動，且重視子女的英文學習。」、「5-1-4 廣納家長的意見及期待，找出最適合孩子的雙語學習方式。」。其中「5-1-1 家長能參與、配合並具有共識推行雙語教育，以提高雙語教育的質與量。」權重介於 .118 至 .601；「5-1-2 家長參與成果發表活動，具雙語教育宣傳效。」權重介於 .049 至 .329；「5-1-3 能支持學校辦理雙語教學的活動，且重視子女的英文學習。」權重介於 .094 至 .598；「5-1-4 廣納家長的意見及期待，找出最適合孩子的雙語學習方式。」權重介於 .041 至 .481。解模糊化後依權重排序為「5-1-3 能支持學校辦理雙語教學的活動，且重視子女的英文學習。」（.348）、「5-1-1 家長能參與、配合並具有共識推行雙語教育，以提高雙語教育的質與量。」（.337）、「5-1-4 廣納家長的意見及期待，找出最適合孩子的雙語學習方式。」（.215）、「5-1-2 家長參與成果發表活動，具雙語教育宣傳成效。」（.157）。向度「5-1 家長參與」下之指標權重分析結果如表 4-2-17。

表 4-2-17　向度「5-1 家長參與」下之指標權重分析結果

指標	L	M	U	DF	排序
5-1-1 家長能參與、配合並具有共識推行雙語教育，以提高雙語教育的質與量。	.118	.293	.601	.337	2
5-1-2 家長參與成果發表活動，具雙語教育宣傳成效。	.049	.094	.329	.157	4

表 4-2-17　向度「5-1 家長參與」下之指標權重分析結果（續）

指標	L	M	U	DF	排序
5-1-3 能支持學校辦理雙語教學的活動，且重視子女的英文學習。	.094	.351	.598	.348	1
5-1-4 廣納家長的意見及期待，找出最適合孩子的雙語學習方式。	.041	.122	.481	.215	3

資料來源：筆者自行整理

十二、向度「5-2 社區融入」項下指標權重分析結果

　　向度「5-2 社區融入」下包含四項指標，分別為「5-2-1 能考量臺灣在地文化，非僅一昧地移植他國的經驗。」、「5-2-2 能將雙語教育與在地融合互相搭配。」、「5-2-3 能建構出學校社區的配套措施與支持系統。」、「5-2-4 學校在發展雙語教育之時，應彰顯屬於自己社區的在地文化。」。其中「5-2-1 能考量臺灣在地文化，非僅一昧地移植他國的經驗。」權重介於.043 至.467；「5-2-2 能將雙語教育與在地融合互相搭配。」權重介於.090 至.601；「5-2-3 能建構出學校社區的配套措施與支持系統。」權重介於.055 至.649；「5-2-4 學校在發展雙語教育之時，應彰顯屬於自己社區的在地文化。」權重介於.051 至.397。解模糊化後依權重排序為「5-2-2 能將雙語教育與在地融合互相搭配。」（.328）、「5-2-3 能建構出學校社區的配套措施與支持系統。」（.305）、「5-2-1 能考量臺灣在地文化，非僅一昧地移植他國的經驗。」（.209）、「5-2-4 學校在發展雙語教育之時，應彰顯屬於自己社區的在地文化。」（.208）。向度「5-2 社區融入」下之指標權重分析結果如表 4-2-18。

表 4-2-18　向度「5-2 社區融入」下之指標權重分析結果

指標	L	M	U	DF	排序
5-2-1 能考量臺灣在地文化，非僅一昧地移植他國的經驗。	.043	.118	.467	.209	3
5-2-2 能將雙語教育與在地融合互相搭配。	.090	.294	.601	.328	1
5-2-3 能建構出學校社區的配套措施與支持系統。	.055	.212	.649	.305	2
5-2-4 學校在發展雙語教育之時，應彰顯屬於自己社區的在地文化。	.051	.175	.397	.208	4

資料來源：筆者自行整理

肆、指標相對權重排序分析

　　本書就指標系統的不同層級，進行相對權重的分析。呈現出各個層級間的差異。為使指標系統彼此有一致性的比較基準，擬將指標權重予以標準化，以利層級間指標的相互比較。轉化之後的標準化數值，將「指標權重」乘「向度權重」再乘所屬的「層面權重」。所得後的數值為各項指標最終標準化之「整體層級指標權重」，其合計為 1。並進行整體層級權重之排序，如表 4-2-19。

表 4-2-19　整體層級權重之排序

層面	（原數值）標準化數值	向度	（原數值）標準化數值	指標	原數值	標準化數值	整體指標權重	權重排序
行政管理	（.169）.162	1-1校長領導	（.788）.791	1-1-1 能凝聚共識，重新盤點資源，研擬出適合的雙語教育計畫。	.269	.230	.0295	8
				1-1-2 能聘任使用雙語進行溝通的教職員。	.236	.202	.0259	15
				1-1-3 能帶起學校成員正向的溝通氣氛。	.153	.131	.0168	29
				1-1-4 能帶領行政部門對雙語教育設立共同的願景和目標。	.265	.226	.0290	9
				1-1-5 能以身作則使用雙語，建置校內良好的雙語典範。	.248	.212	.0272	11

表 4-2-19　整體層級權重之排序（續）

層面	（原數值）標準化數值	向度	（原數值）標準化數值	指標	原數值	標準化數值	整體指標權重	權重排序
		1-2績效評鑑	（.208）.209	1-2-1 各校雙語計畫須持續調整與修正，逐步找到合適的雙語政策定位。	.268	.226	.0077	42
				1-2-2 針對各校不同的雙語推動政策，須有一套自我檢核的評鑑方式。	.268	.226	.0077	41
				1-2-3 能具備雙語師資與課程審查及檢核機制。	.274	.231	.0078	39
				1-2-4 能符合在地文化的需求。	.113	.095	.0032	51
				1-2-5 能含括師資、軟硬體設備、課程、行政等多方面之績效衡量構面。	.263	.222	.0075	43

表 4-2-19　整體層級權重之排序（續）

層面	（原數值）標準化數值	向度	（原數值）標準化數值	指標	原數值	標準化數值	整體指標權重	權重排序
課程教學	（.400）.384	2-1 教學方法	（.343）.310	2-1-1 能結合中文和英文來整合雙語學習。	.279	.226	.0269	12
				2-1-2 能建構領域螺旋式鷹架。	.259	.210	.0250	17
				2-1-3 需要教學者和學習者之間的互動。	.249	.202	.0240	20
				2-1-4 能以能力分組、差異化教學、科技輔具、英語助教等方法來提升雙語教學的實施。	.249	.202	.0240	19
				2-1-5 能由專業外師與本地教師進行協同教學、共同備課，達到互補、互利的成效。	.198	.160	.0190	26

表 4-2-19　整體層級權重之排序（續）

層面	（原數值）標準化數值	向度	（原數值）標準化數值	指標	原數值	標準化數值	整體指標權重	權重排序
		2-2課程教材	（.251）.227	2-2-1 能同時重視語言學習與認識他國文化。	.182	.153	.0133	34
				2-2-2 能依學生學習情況進行滾動式修正，彈性調整雙語課程和教學課綱。	.349	.294	.0256	16
				2-2-3 能安排循序漸進的內容來協助雙語學習。	.310	.261	.0228	22
				2-2-4 由外部專家編寫教材或平臺來進行雙語教學。	.124	.104	.0091	37
				2-2-5 應創研雙語校本教材。	.224	.188	.0164	30
		2-3教師知能	（.511）.462	2-3-1 能透過教師研習、請教專業教師、上網蒐集資料	.236	.213	.0378	5

表 4-2-19　整體層級權重之排序（續）

層面	（原數值）標準化數值	向度	（原數值）標準化數值	指標	原數值	標準化數值	整體指標權重	權重排序
				來增加教師專業發展。				
				2-3-2 能組成雙語共備小組，進行共備討論。	.279	.251	.0445	1
				2-3-3 校內自主的增能與培訓，來推動雙語教育。	.255	.230	.0408	3
				2-3-4 能建置跨領域教師的緊密合作關係。	.152	.137	.0243	18
				2-3-5 能由英語教師召集領域教師來組織／組成教師專業社群，扮演經驗分享。	.188	.169	.0300	7
教學環境	（.131）.126	3-1環境規劃	（.440）.467	3-1-1 能提供積極友善的雙語校園學習環境。	.283	.260	.0153	33
				3-1-2 能重視真實語境下的應用，	.387	.356	.0209	24

137

表 4-2-19　整體層級權重之排序（續）

層面	（原數值）標準化數值	向度	（原數值）標準化數值	指標	原數值	標準化數值	整體指標權重	權重排序
				協助學生活化學習與瞭解。				
				3-1-3 能尊重學生群體的多元文化特質，創造多元的雙語學習環境。	.133	.122	.0072	44
				3-1-4 能重視語用及學習落差，建構雙語環境。	.284	.261	.0154	32
		3-2 教學設施	（.502）.533	3-2-1 能善用數位科技工具來輔助雙語教學，打造不受時空限制的雙語學習環境。	.407	.385	.0259	14
				3-2-2 能建置雙語情境教室，搭配觀看英語教學影片等多模式教學方式來增加雙語教學靈活	.281	.266	.0179	27

表 4-2-19　整體層級權重之排序（續）

層面	（原數值）標準化數值	向度	（原數值）標準化數值	指標	原數值	標準化數值	整體指標權重	權重排序
				度。				
				3-2-3 建置英聽廣播系統，來提升學習者英語能力。	.121	.114	.0077	40
				3-2-4 能發展課程平臺以協助雙語教育教學成效。	.248	.235	.0158	31
學生學習	（.307）.295	4-1先備知識	（.172）.182	4-1-1 能將自己的文化與他人的文化作連結。	.134	.127	.0068	45
				4-1-2 能促使母語在教育中扮演了輔佐的角色，協助語言及其文化能同時被保存。	.259	.246	.0132	35
				4-1-3 能在於基礎語法結構上建立更深層次的知識的學習。	.208	.198	.0106	36
				4-1-4 能將	.452	.429	.0230	21

表 4-2-19　整體層級權重之排序（續）

層面	（原數值）標準化數值	向度	（原數值）標準化數值	指標	原數值	標準化數值	整體指標權重	權重排序
				所習得的知識技能，在雙語課堂中進行應用，使用英語表達自己的情感、分享自己的文化與生活經驗。				
		4-2 學習興趣與動機	（.434）.459	4-2-1 能從有趣的學科內容及多元的課堂活動來激發學習動機。	.332	.316	.0428	2
				4-2-2 能在學習過程中產生成就感。	.303	.289	.0391	4
				4-2-3 允許學生在使用雙語時的語法或詞彙使用錯誤。	.132	.126	.0171	28
				4-2-4 師生能以自然的方式來交流。	.283	.270	.0366	6
		4-3	（.340）	4-3-1 教師	.300	.273	.0289	10

表 4-2-19 整體層級權重之排序（續）

層面	（原數值）標準化數值	向度	（原數值）標準化數值	指標	原數值	標準化數值	整體指標權重	權重排序
		學習評量	.359	能掌握學生進度並進行評估。				
				4-3-2 教師能給予學生關於學習上的回饋。	.275	.251	.0266	13
				4-3-3 能具外部測驗的結果分析。	.083	.076	.0080	38
				4-3-4 能檢核學生在實際情況中使用英文的能力。	.206	.188	.0199	25
				4-3-5 能並重語言與學科內容兩項評量。	.233	.212	.0225	23
家長與社區參與	（.034）.033	5-1 家長參與	（.538）.567	5-1-1 家長能參與、配合並具有共識推行雙語教育，以提高雙語教育的質與量。	.337	.319	.0060	47
				5-1-2 家長參與成果發表活動，具雙語教育宣傳成效。	.157	.149	.0028	54

表 4-2-19　整體層級權重之排序（續）

層面（原數值）標準化數值		向度（原數值）標準化數值		指標	原數值	標準化數值	整體指標權重	權重排序
				5-1-3 能支持學校辦理雙語教學的活動，且重視子女的英文學習。	.348	.329	.0062	46
				5-1-4 廣納家長的意見及期待，找出最適合孩子的雙語學習方式。	.215	.203	.0038	50
		5-2社區融入	（.411）.433	5-2-1 能考量臺灣在地文化，非僅一昧地移植他國的經驗。	.209	.199	.0028	53
				5-2-2 能將雙語教育與在地融合互相搭配。	.328	.312	.0045	48
				5-2-3 能建構出學校社區的配套措施與支持系統。	.305	.290	.0041	49
				5-2-4 學校在發展雙語	.208	.198	.0028	52

表 4-2-19 整體層級權重之排序（續）

層面	（原數值）標準化數值	向度	（原數值）標準化數值	指標	原數值	標準化數值	整體指標權重	權重排序
				教育之時，應彰顯屬於自己社區的在地文化。				

資料來源：筆者自行整理

第三節　綜合分析與討論

　　本節進行研究結果的綜合分析與討論。內容分為兩個部分，第一個部分為雙語教育策略指標權重分配之結果，第二個部分是綜合討論。茲分述如下：

壹、雙語教育策略指標權重分配結果

　　本書指標架構採「層面—向度—指標」三個層次，透過專家效度、模擬德懷術及層級分析問卷，來建構雙語教育策略指標系統。本系統包含五個層面、十二個向度、五十四個指標。以下就層面、向度、指標三個層次之結果來進行綜合分析。

一、層面之相對權重排序結果分析

　　從表 4-2-19 各層面權重標準化數值而言，層面「課程教學」的相對權重最高，其次為「學生學習」，第三是「行政管理」，第四是「教學環境」，第五是「家長與社區參與」。層面相對權重排序情形如圖 4-3-1。從圖中可以發現，「家長與社區參與」較其他四個層面偏低，而「課程教學」與「學生學習」層面居前。

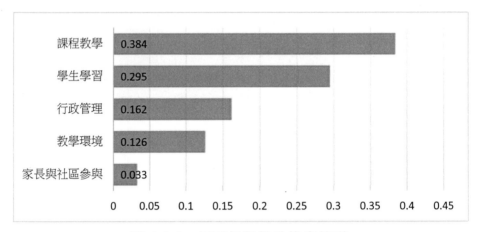

圖 4-3-1　層面相對權重排序情形

資料來源：筆者自行整理

二、向度之相對權重排序結果分析

　　本分析將向度的標準化數值乘上所屬層面的標準化數值後，所得之整體層級向度權重，其合計為 1，排序情形如圖 4-3-2。

　　本書十二個向度中，權重最高的向度前五名為「2-3 教師知能」、「4-2 學習興趣與動機」、「1-1 校長領導」、「2-1 教學方法」以及「4-3 學習評量」，評估數值最低者則為「5-2 社區融入」。就排序第一名的向度而言，「2-3 教師知能」所屬「課程教學」層面，與層面的權重排序相符。最後兩名「5-2 社區融入」、「5-1 家長參與」所屬「家長與社區參與」層面，亦與層面的權重排序相符。從向度之權重排序看得出來，教師知能、學習興趣與動機、校長領導為雙語教育策略最需要著重的部分，社區融入及家長參與則為較不需要重視的項目。

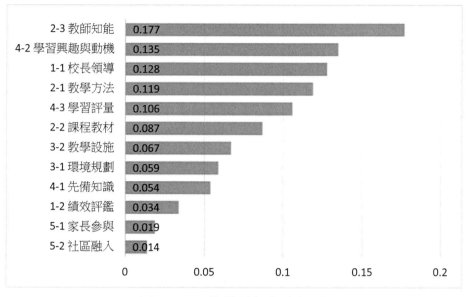

圖 4-3-2　整體層級向度權重

資料來源：筆者自行整理

三、指標之相對權重排序結果分析

　　本書細項指標共有五十四個，圖 4-3-3 呈現指標的權重排序。以下針對指標權重值前十名指標及後十名指標進行說明。

（一）權重值前十名指標分析結果

　　由表 4-2-19 之各個指標權重觀之，權重值前十名指標依序是「2-3-2 能組成雙語共備小組，進行共備討論。」、「4-2-1 能從有趣的學科內容及多元的課堂活動來激發學習動機。」、「2-3-3 校內自主的增能與培訓，來推動雙語教育。」、「4-2-2 能在學習過程中產生成就感。」、「2-3-1 能透過教師研習、請教專業教師、上網蒐集資料來增加教師專業發展。」、「4-2-4 師生能以自然的方式來交流。」、「2-3-5 能由英語教師召集領域教師來組織

／組成教師專業社群，扮演經驗分享。」、「1-1-1 能凝聚共識，重新盤點資源，研擬出適合的雙語教育計畫。」、「1-1-4 能帶領行政部門對雙語教育設立共同的願景和目標。」、「4-3-1 教師能掌握學生進度並進行評估。」。

從前十項指標分析，歸屬於「課程教學」及「學生學習」為40%，歸屬於「行政管理」為 20%。由此可見上述層面是學者專家認為在雙語教育策略指標優先重要的三個層面。若從向度來看，向度「2-3 教師知能」項下四個指標為前十名指標；向度「4-2 學習興趣與動機」項下三個指標為前十名指標；向度「1-1 校長領導」項下二個指標為前十名指標；向度「4-3 學習評量」有一個指標為前十名指標。

（二）權重值後十名指標分析結果

依指標權重值後十名來看，指標「5-1-2 家長參與成果發表活動，具雙語教育宣傳成效。」是權重值最低的指標，其次低者為「5-2-1 能考量臺灣在地文化，非僅一昧地移植他國的經驗。」、「5-2-4 學校在發展雙語教育之時，應彰顯屬於自己社區的在地文化。」、「1-2-4 能符合在地文化的需求。」、「5-1-4 廣納家長的意見及期待，找出最適合孩子的雙語學習方式。」、「5-2-3 能建構出學校社區的配套措施與支持系統。」、「5-2-2 能將雙語教育與在地融合互相搭配。」、「5-1-1 家長能參與、配合並具有共識推行雙語教育，以提高雙語教育的質與量。」、「5-1-3 能支持學校辦理雙語教學的活動，且重視子女的英文學習。」、「4-1-1 能將自己的文化與他人的文化作連結。」等十項權重值相對低的指標。

由後十名指標項目來分析，有 80%的指標歸屬於層面「家長與社區參與」，剩餘兩項分屬於「行政管理」與「學生學習」層

面。此與層面的權重分析結果相近。由此可見「家長與社區參與」層面是專家學者認為在雙語教育策略指標中優先程度相對低的層面。再從向度來分析，向度「5-1 家長參與」及「5-2 社區融入」共八項指標皆為後十名的指標項目。「1-2 績效評鑑」及「4-1 先備知識」各有一項排進後十名的指標項目。

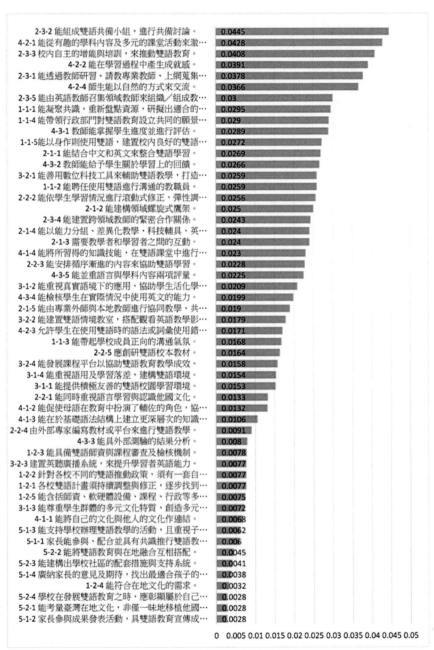

圖 4-3-3　呈現指標的權重排序

貳、綜合討論

本書主要建構雙語教育策略指標系統，透過國內外的文獻統整與分析及專家學者協助審視題目，以五個層面、十二個向度、五十四個指標來進行模擬德懷術、相對權重問卷調查。並將所得之指標權重進行排序分析，作為國內教育針對雙語教育策略所需優先注重之項目及資源分配之參考依據。

有關本書共五個層面的權重值比較，「課程教學」（38.4%）最高，其次為「學生學習」（29.5%），第三是「行政管理」（16.2%），第四是「教學環境」（12.6%），而以「家長與社區參與」（3.3%）相對權重為最低。

權重最高的層面「課程教學」下，以向度「2-3 教師知能」（46.2%）所佔權重值最高；「學生學習」層面下以向度「4-2 學習興趣與動機」（45.9%）權重值最高；第三，「行政管理」層面下以向度「1-1 校長領導」（79.1%）權重值最高；第四，「教學環境」層面下以向度「3-2 教學設施」（53.3%）權重值最高；最後「家長與社區參與」層面下以向度「5-1 家長參與」（56.7%）權重值最高。

從國內的雙語教育策略實施情形來看，在教學現場中以教師的課程教學為推行雙語教育策略最需要的一環，而其中又以教師是否具有專業知能為關鍵。教師具備清楚或正確的雙語教育相關概念，方能傳達給學生進行學習。因此，教師需要透過專家學者的引導，參加工作坊或研習，事先累積自己的雙語教育知能。此亦為臺灣在近期如火如荼增開許多雙語教育相關的工作坊或研習之原因，希望在雙語教育師資培育上，提供教師最充足的能量，未來受惠於學生身上。

再者，接觸到雙語教育的學生學習中，以具備學習興趣與動

機尤為重要。雙語教育不僅僅是英文學習，其中涵蓋了許多跨領域的概念。課堂上引起學生學習的興趣與動機，為教師教授雙語教育所必須掌握的要點。教師可透過多樣態的教學模式來增加學生學習興趣，此亦呼應雙語教育實施策略所強調的，學生在學習雙語教育時可透過學習資源和支持，產生學習的興趣及動力，激發好奇心和探究心理，使得更主動參與到課堂中，並更深入瞭解語言和文化。

學校內在推行雙語教育時，由學校領導者發揮領導作用，以身作則，為學校提供願景及方向，並向校內師生宣傳及提醒，使大家瞭解雙語教育的重要性。校長需要協調與統整各方面的資源，鼓勵現職教師積極提升雙語教育知能，提供教師所需的資源和培訓，協助教師提升自己的教學技能和知識，提高雙語教學能力。在校長的領導下，應確保能夠協助學生進行最需要的雙語教育學習，提供支持學生學習相關的課程及活動。

在推行雙語教育之時，教師提供一個良好適當的教學環境和教學設施有其必要性，其目的為提供學生語言實踐的機會。教師應該提供機會讓學生在不同的語言環境中進行交流與互動，同時融入多元的教學設施來提高學生的語言能力。舉例來說，多媒體設施為推行雙語教育時提升學生學習動機的一部分，例如英聽、視聽設備、多語言圖書館、電子白板及其軟體等，透過多元模式的教學設施來協助學生增加學習動機，進而促使雙語教育的學習力增加，達到雙語教育學習成效。

在推行雙語教育中，除了學校端的課程設計與行政投入，家長的參與和社區的融入都是非常重要的影響因素。學校應該鼓勵家長參與學校和孩子的學習，與家長溝通孩子學習雙語的重要性。同時提供家長與學校互動的平臺，增加家長對學校實施雙語教育與孩子學習雙語教育的支持度。學校可舉辦與家長連結的工作坊，向家長介紹雙語教育的實施面向以及學校提供給孩子的學習策略。亦可

邀請家長參與相關成果發表，增加親師生連結的緊密度。另一方面，學校應該提供多元化的社區資源，與當地社區合作，提供學生多樣化的資源與機會，例如社區圖書館、藝術中心等。透過推廣雙語文化相關活動，或是辦理社區活動，讓學生與社區成員有機會瞭解雙語教育和學習當地的文化。

從十二個向度及五十四個指標的權重值進行比較及分析，以「2-3 教師知能」（17.7%）相對權重最高，其所屬指標中，「2-3-2 能組成雙語共備小組，進行共備討論。」（4.45%）所佔權重值最高。故從雙語教育策略來看，學校能主動協助教師組成雙語共備小組，並進行共備討論。對於雙語教育是最有幫助的。

其次，「4-2 學習興趣與動機」（13.5%）是權重值第二高的向度，所屬指標中以「4-2-1 能從有趣的學科內容及多元的課堂活動來激發學習動機。」（4.28%）為最高。故在教學過程中，如能透過有趣並多元化的教學內容來吸引學生並激發學生學習動機，即能在雙語教育中產生不錯的學習成效。

權重值第三高的向度是「1-1 校長領導」（12.8%），在此向度下以「1-1-1 能凝聚共識，重新盤點資源，研擬出適合的雙語教育計畫。」（2.95%）指標權重最高。故教職員如能在校長的領導下，統合校內同仁的共識來研擬出符合學校資源的雙語教育計畫，並依此計畫確實實行，則能將校內之雙語教育成果穩健提升。

權重值第四高的向度是「2-1 教學方法」（11.9%），在此向度下以「2-1-1 能結合中文和英文來整合雙語學習。」（2.69%）指標權重最高。故老師如能妥善結合中文與英文的教學情境，讓學生自然在雙語環境中學習，則會有良好的教學效果。

權重值第五高的向度是「4-3 學習評量」（10.6%），在此向度下以「4-3-1 教師能掌握學生進度並進行評估。」（2.89%）指標權重最高。所以如果老師能掌握好學生的外語程度，評估並給予

相對應的教學方式及內容，在因材施教下讓不同程度的學生都能在適合的語言環境下學習。

權重值第六高的向度是「2-2 課程教材」（8.7%），在此向度下以「2-2-2 能依學生學習情況進行滾動式修正，彈性調整雙語課程和教學課綱。」（2.56%）指標權重最高。不同程度的學生如能透過與其能力相符的教材來學習，讓程度不足的學生不至於灰心，亦讓程度較好的學生能大步向前邁進。並隨著學習狀況滾動式調整，其學生的學習就不會有窒礙難行的情況。

權重值第七高的向度是「3-2 教學設施」（6.7%），在此向度下以「3-2-1 能善用數位科技工具來輔助雙語教學，打造不受時空限制的雙語學習環境。」（2.59%）指標權重最高。如校方能提供適合的科技教具來輔助學習，除了能讓學生有更沉浸式的學習體驗，也可讓學生在校園之外的情境持續學習外語並習慣在雙語的環境中學習成長。

權重值第八高的向度是「3-1 環境規劃」（5.9%），在此向度下以「3-1-2 能重視真實語境下的應用，協助學生活化學習與瞭解。」（2.09%）指標權重最高。學校如能讓學生在校園中自然而然地使用外語，更能讓學生感受使用外語時互動的樂趣及成就感。如此更能提升學生學習外語的興趣，學生即可自動自發的學習外語，動機提升了，學習效果就會倍增。

權重值第九高的向度是「4-1 先備知識」（5.4%），在此向度下以「4-1-4 能將所習得的知識技能，在雙語課堂中進行應用，使用英語表達自己的情感、分享自己的文化與生活經驗。」（2.3%）指標權重最高。老師如能在課堂中妥切的引導學生運用外語來分享自己的想法，增加學生用外語互動的機會，讓學生自己用語言來思考如何與自己的生活結合。這樣可以很有效的讓學生的外語能力融合到自己的生活中，並可隨時在生活中應用自己的所

學。

　　權重值第十高的向度是「1-2 績效評鑑」（3.4%），在此向度下以「1-2-3 能具備雙語師資與課程審查及檢核機制。」（0.78%）指標權重最高。雙語教育仍需要專業的老師來實行，不論是課程規劃或是教學方法，都與一般的學科教育有很大差異。故在雙語教育上，能聘任合格的雙語教師來進行教學是很重要的。

　　綜合上述，雙語教育策略指標系統在第一層級「層面」以課程教學為優先注重的項目，為使雙語教育實行上更具效益，學校在分配資源時可優先專注於課程教學內容的提升。其次，在第二層級「向度」方面，教師知能的提升是最優先注重的項目。教師的素質與提升學生的雙語教育成果息息相關。第三層級「指標」則以學校如能組成雙語共備小組，進行共備討論為提升雙語教育最有效之方式。也就是說，讓教師獨自備課進行教學，其成效不如所有從事雙語教學之教師，一同研擬學校之雙語教育策略。齊心合力，讓學校充滿一致的雙語教育氣氛，即可有效提升學習雙語成效。

第五章　結論與建議

　　本書採後實證主義的研究取向，指標問卷先建構內容效度後，依據專家學者的建議加以修正，符合後實證主義的論點，量化研究須符合客觀性，使研究具備信度與效度。且研究是提出主張並加以修正的過程。接著藉由模擬德懷術調查問卷、相對權重問卷來收集所需分析的資料，並透過資料來分析此雙語教育策略指標系統。本章為結論與建議，分析的結果來提出相關的結論與建議，期能有效幫助學校進行雙語教育。本章分為二節，第一節為結論，第二節為建議。

第一節　結論

　　本書經由專家學者審題、模擬德懷術、相對權重問卷調查結果、對照相關文獻分析，最後提出研究結論，分述如下：

一、雙語教育策略指標系統包含五個層面、十二個向度、五十四個指標

　　本書透過文獻探討與分析，建構雙語教育策略指標雛型，並邀請 10 位專家學者就各個題目內容逐項審視。在層面的審題結果，此 10 位專家學者對於雙語教育策略指標系統內容大多具有共識性，在經過焦點團體座談討論之後，將原有的五十九個指標項目進行刪修，刪修後共為五十四個指標項目。針對本書原訂定之五個層面，與會者全數表示無須刪修。針對向度部分，共同建議「2-1 教學法」修改為「2-1 教學方法」，「2-3 教師素質」修改為「2-3

教師知能」，其餘向度則維持原來之內容，無須刪修。關於指標項目部分，刪除「3-1-5 能招募外籍生來於校園內雙語環境建置」、「4-1-1 能將母語結合第二外語的情況下習得雙語教育」、「5-1-2 家長參與為社會資本的一部分，協助少數民族在教育上的助力」，將「3-2-1 能使用資訊科技來輔助雙語教學，如 AR, VR」與「3-2-3 能善用數位科技工具，打造不受時空限制的雙語學習環境」進行整併，以及將「4-2-1 能從有趣的學科內容來激發學習動機」與「4-2-2 能藉由多元的課堂活動來增加學習興趣」進行整併。在刪除指標項目與整併指標項目之後，指標項目由原擬的五十九個調整為五十四個。

在模擬德懷術及相對權重問卷分析後，亦未刪除指標項目。故本書經實證分析後建構之雙語教育策略指標系統包含五個層面、十二個向度、五十四個指標。

二、指標重要性分析結果

從本書的層面重要性分析結果來看，專家學者認為重要程度最高者為「課程教學」，其次為「學生學習」，第三是「行政管理」，第四是「教學環境」，最後則為「家長與社區參與」。但檢視五個層面的反模糊化數值，皆有.7 以上。且層面之間的數值差異不大，顯示五個層面的重要程度相當。由此可見，五個層面對於雙語教育策略都是重要的，各個層面都是不可或缺的。

三、指標權重結果顯示課程教學是雙語教育策略優先注重的層面

雙語教育實施以來，逐漸擺脫傳統式英語科教授英文學科知識、文法或單字，轉而強調使用英語的情境與互動，並能自然地使用英語進行與他人的表達。故教師在第一線的教育現場中，必須針對提供學生所學的雙語課程有所思考及規劃，例如教師於課堂上用

豐富的肢體語言來帶領學生學習，搭配重複性的課室用語，讓學生熟悉英語運用。創造說英語的環境為實施雙語教育時重要的一環，必須讓學生體驗到語言的溝通本質，而非語言成為考試的一個科目。

　　因此，教師在課程教學的設計上，應先設定明確的目標，根據學生的年齡、語言背景和教育水平等因素，規劃學生應該達到的語言能力和文化理解能力。其次，規劃適合學生的教材，這些教材應該適合學生的年齡、先備知識及語言能力，同時也應反映學生所在的文化背景。再者，教師可採用多樣化的教學方式，例如將活動融入教學、搭配科技融入教學、透過新聞議題帶入教學等。最後，教師應選擇最適合學生的評估方式，例如測驗、口試、寫作等，同時也應定期進行評估以瞭解學生的進展和需要。教師的課程教學規劃，能讓語言學習變得更活潑生動，協助學生自在學習雙語，進而體會到享受學習雙語的樂趣。

四、指標權重結果顯示教師知能是雙語教育策略優先注重的向度

　　教師為實施雙語教育時非常重要的靈魂，故教師是否本身具有專業的雙語教育相關知能，影響了雙語教育是否能夠順利推行。雙語教育的教師需要具備以下知能：

　　（一）語言教學知識的知能：教師需要掌握語言教學的基本概要和方法，需要瞭解如何選擇和使用教材，設計教學活動和評估學生的學習成果。

　　（二）教學策略的知能：教師需要掌握各種教學策略，掌握適當的教學技術、發展有效的教學活動等。

　　（三）學生評估的知能：教師需要具備能掌握學生評估的知識和技能，例如設計評估工具、提供有效的反饋等。

（四）文化意識知能：雙語教育的教師必須對於文化意識須保持敏銳度，應瞭解並尊重學生所屬文化的價值觀和背景，幫助學生欣賞和理解不同文化之間的差異或共同之處。

（五）專業發展的知能：雙語教育實施以來，許多教師分享教學現場的教學經驗於平臺上，提供其他教師學習。教師應該參加工作坊、研討會、教育論壇等等，和其他教師交流並分享經驗。

當雙語教育的教師具備以上所述之教師知能，必能協助學生在學習雙語教育時能發展他們的語言和文化能力，提高學習成效。

五、指標權重結果顯示能組成雙語共備小組，進行共備討論雙語，為教育策略優先注重的指標

雙語教育的實施，若有一群雙語教育的教師所組成的共備小組，將可提高教學的質量。共備小組的成員常由不同年級和學科的教師所組成，透過交流和討論，共同探討教學問題和挑戰，並分享和開發有效的教學策略和資源。一般而言，雙語教育共備小組成員可以分享他們的教學經驗，從中思考什麼樣的教學方式以及教學活動最適合學生。目前已經有許多校內或校外的教師組成雙語教育共備小組，藉由成員間的彼此分享，教師們可獲得不同的教學反饋，獲取最新的教學資源相關資訊，甚至彼此激盪擬出教學計畫，因應學生學習需求，設計出提供學生最適當的學習活動和評估方式。另一方面，透過共備小組，教師有機會更瞭解自己的強項和弱點，並發現可以精進之處。

總而言之，雙語教育共備小組可協助教師共同發展專業知識和技能，並提供支持和反饋，過程中不但能幫助彼此更瞭解教育相關的最新發展和趨勢，從中獲得啟發和靈感，更能透過彼此的分享與交流，激盪出不同的教育火花，協助教師在雙語教育發展的潮流中免去孤單和無助感。教師透過共備小組的支持，方能提升自我，

以便能夠更有效地促進學生的學習和發展。

六、重要性指標反應雙語教育策略的運作方式，教師專業知能與學生學習動機為相對重要性指標

　　本書權重排序較高的指標，例如「2-3-2 能組成雙語共備小組，進行共備討論。」、「4-2-1 能從有趣的學科內容及多元的課堂活動來激發學習動機。」、「2-3-3 校內自主的增能與培訓，來推動雙語教育。」、「4-2-2 能在學習過程中產生成就感。」、「2-3-1 能透過教師研習、請教專業教師、上網蒐集資料來增加教師專業發展。」。大多都是以提升教師專業及提升學生學習動機為主。國家在推行雙語教育之初時，在教育現場有許多的教師產生了焦慮感，不熟悉該從何處著手進行，對於本身專長的學科該如何進行雙語教育教學亦感到十分困惑。由本書的權重分析可見，在實施雙語教育時，應先將教師的專業知能預備齊全。教師的專業度到位了，才能發展出適合學生的學習策略。學校對於教師的支持度亦不可忽視，應由校長樹立典範，規劃校內的雙語師資培訓和辦理相關的研習，協助教師增能。

　　教師的專業知能具備後，才能帶給學生最適合的學習資源和方式。例如透過教師規劃的有趣的教學內容以及課堂活動，激發學生的學習動機，回歸溝通本質，使得雙語學習不再是那麼枯燥無味，擺脫過去填鴨式的英語教育學習模式。

　　綜合上述，雙語教育的推行需要教師的量能和知能皆充足的條件下，提供給學生最合適的雙語學習方式，才能引起學生的學習興趣與動機，如此才能達到雙語教育實施的最大成效。

第二節　建議

　　本書根據文獻分析、研究結果與討論，提出以下建議供教育主管機關、學校、教師及後續研究參考：

一、對教育主管機關的建議

（一）本書所建構之指標作為雙語教育推動策略的參考

　　臺灣政府宣示 2030 年臺灣要成為雙語國家，然而許多的配套措施和因應策略並非十足完善，亦有些學校不知從何做起。然而，雙語教育的推行需要具備一些指標來參考和依循，以確保教育的質量和有效性，以利能聚焦在關鍵的重點中來實施雙語教育，協助日後他人或他校能夠順利推動雙語教育，達到更好的實施成效。這些指標可能包括教育資源的配置、教師的教學之能及水平、學生的學習成效及社會的反饋等等。指標可協助學校和政府機構確定和檢視雙語教育計畫的有效性，並根據其所需要之處進行必要的調整。同時，這些指標亦可幫助教師提升教學品質、提高學生學習興趣或是協助家長瞭解學生在語言學習方面的進展，並幫助他們做出更明智的學習決策。

　　本書依據國內外文獻之內容進一步做歸納及分析，根據其結果建構雙語教育策略的指標雛型；再透過專家學者的團體座談進行指標內容的討論，刪修後建立雙語教育策略之指標；再將所建構之雙語教育策略指標進行模糊德懷術與模糊層級分析之問卷分析，最終結果作為日後雙語教育推動的參考策略。這些指標可幫助學校和教育機構在推行雙語教育時更能確立方向、制定策略及評估成效，這些指標亦可幫助學校和教師不斷地優化自己的教學方法和內容，確保雙語教育能夠持續地提升教育質量和教學成效，同時也著重學生的學習角色，透過最自在的學習環境來吸收雙語，最後亦喚起家

長對孩子學習雙語的支持及參與，以及強化學校與社區的配套措施與支持系統，彰顯在地文化。故本書所建構之指標可作為未來雙語教育推動的參考策略。

（二）雙語教育的推動策略應首重課程教學

本書呈現出教育主管機關在督導與管理學校的雙語教育時，其所需要觀察的層面建議以「課程教學」為首要，其次為「學生學習」，第三是「行政管理」，第四是「教學環境」，最後則為「家長與社區參與」。除此之外，在校方及教師所舉辦的諸項研習中，多以「課程教學」及「學生學習」為主。在「課程教學」層面中，又以提升「教師知能」為要；在「學生學習」層面中，以提升「學習興趣與動機」為主。建議主管機關能針對「教師知能」及「學習興趣與動機」兩個項目來作為主軸，來提升校方及教師的雙語教育績效與能力。

本書針對推動雙語教育的實施，提出了五個觀察層面，其中「課程教學」為最重要的層面。在雙語教育中，課程教學的品質屬關鍵因素，需要主管機關關注並監督，以及學校單位的強力重視。其次是「學生學習」，強調觀察學生在雙語教學中的學習興趣和動機、學習狀況以及學習成效。第三個層面是「行政管理」，包括願景建立、資源分配、教學評鑑等。第四個層面是「教學環境」，主要觀察教室設施、學習資源、校園文化等方面。最後是「家長與社區參與」，促進學校、家長、社區的合作，提高雙語教育的參與度。

此外，本書也發現，經權重分析後呈現，「課程教學」、「學生學習」、「教學環境」、「行政管理」、「家長與社區參與」五個層面中，雙語教育以「課程教學」及「學生學習」的相對權重最高為主，且在「課程教學」層面中更強調教師知能的提升，

可見在實施雙語教育時，第一線將雙語教育帶給學生的教師扮演了一個非常重要的角色，相對而言，教師是否具備足夠的雙語教育相關知能極其重要；而在「學生學習」層面中則以學習興趣和動機為主要目標，此亦為雙語教育過程中強調的一環，著重學生是否能在自在或自然的環境中習得雙語。因此，教育主管機關可以「教師知能」和「學習興趣與動機」為主軸來加強校方及教師的雙語教育能力。

總體而言，本書提供了一個指標性的框架，有助於教育主管機關、學校及教育工作者或其他的利益關係人在推動雙語教育時更有系統、有目標地進行管理及督導，提高雙語教育品質和效果。同時，也提醒了學習者本身的學習歷程和需求之重要性，以及強調社區外在系統的互相搭配及支持，進而透過在地文化來實施雙語教育。這也符合目前社會對於全球化時代教育的需求，提升學生語文能力和全球競爭力，為教育工作者提供了更明確的方向和目標，以推動更有效的雙語教育。

二、對學校的建議

本書呈現出雙語教育單位在規劃雙語教育策略時，所需考量各項因素之比重或改善之優先順序。從權重排序較高的指標來看，「2-3-2 能組成雙語共備小組，進行共備討論。」、「2-3-1 能透過教師研習、請教專業教師、上網蒐集資料來增加教師專業發展。」、「2-3-3 校內自主的增能與培訓，來推動雙語教育。」「2-3-5 能由英語教師召集領域教師來組織／組成教師專業社群，扮演經驗分享。」、「1-1-1 能凝聚共識，重新盤點資源，研擬出適合的雙語教育計畫。」、「1-1-4 能帶領行政部門對雙語教育設立共同的願景和目標。」這上述六項，都是雙語教育單位在進行雙語教學時首要重視的項目。而這六個指標可歸類在「透過共備、研

習、社群等方式提升教師雙語教育專業知能」及「凝聚雙語教育共識，研擬教育目標，爭取支援系統」兩個方面，以下就此兩個方面對於學校的雙語教學建議來進行下列說明：

（一）透過共備、研習、社群等方式提升教師雙語教育專業知能

組成雙語共備小組、鼓勵教師參加研習、校內自主增能與培訓、英語教師透過專業社群來進行經驗分享等對於雙語教育至關重要。透過這這四個指標所衍伸的各個教學規劃及活動，教師們可以減低對雙語教育實施的焦慮感，藉由夥伴間的互相學習、分享教學資源和經驗，經內化後成為自己在雙語教育方面的知能，提高雙語教學的效果和品質。以下分述之：

1.「2-3-2 能組成雙語共備小組，進行共備討論。」

雙語教師能組成跨領域社群，增加雙語專業知能的發展。透過共備小組，進行備課、觀課與議課，教師們有機會彼此討論與回饋，並進行個人省思以及對雙語教育的覺察。透過小組的形式，提供教師能有支持系統進行對話，能夠促進教師彼此之間的合作及探究，透過交流來檢視教學內容和方式，並且可共同制定教學策略、提升專業量能。因著教學相長的過程中，進行專業對話省思回饋，享受共學共享與共好的學習氛圍。

2.「2-3-1 能透過教師研習、請教專業教師、上網蒐集資料來增加教師專業發展。」

透過相關的雙語教育研習，教師可增加其專業知識及技能，以期符應教師自我增能及教學需求。雙語教育為近幾年國家發展重點，第一線教學現場的教師若能對於雙語教育認知及實施方法有所瞭解，透過參加研習來瞭解國際雙語教育發展趨勢、掌握雙語教育理念及運作方式、習得不同的教學方法和教材，將有機會提高自身

的教學水平,同時也能因著建立明確的雙語教育概念,進而降低教育實務工作者的疑惑及焦慮感。

3.「2-3-3 校內自主的增能與培訓,來推動雙語教育。」

在推動雙語教育的過程中,教師所扮演的角色至關重要。學校應提供相當的支持度,協助規劃校內自主的增能和培訓,協助教師在語言教學、課程設計、學習成果評估等方面獲得更多的專業知識和技能,進而提高教師的雙語教學能力和教學創意,從而更好地促進學生的語言學習和發展。透過培訓,學校能提高教師的教學水平和專業素養,讓教師更加自信地教授雙語課程,並且更加有效地掌握學生的學習進度和進行評估,從而推動雙語教育的有效實施。

4.「2-3-5 能由英語教師召集領域教師來組織／組成教師專業
   社群,扮演經驗分享。」

英語教師為推動雙語教育的最佳夥伴,他們瞭解如何於課堂上同時使用英文與中文進行教學。透過專業社群,英語教師可進行經驗分享,拋磚引玉,讓其他領域的教師從他人的經驗中加以學習及思考,經過內化與學習,將所習得之技巧與方法融入自己任教的科目中,進一步調整自己的教學方式。

以上這些方式能有助於提升教師的教學能力,並提供更好的雙語學習環境給學生。

(二)凝聚雙語教育共識,研擬教育目標,爭取支援系統

凝聚校內雙語教育共識、學校重新盤點資源、校內建立推動雙語教育的願景及目標是推動雙語教育的重要步驟。

1.「1-1-1 能凝聚共識,重新盤點資源,研擬出適合的雙語教
   育計畫。」

在推動雙語教育之時,首先需要逐步凝聚校內教師之共識與認同。學校在推動雙語教育的過程中,容易因為對於雙語教育的不

瞭解或誤解，或是各自針對雙語教育進行解讀，而造成推動上的阻礙。因此，凝聚校內雙語教育共識能夠讓師生對於雙語教育有共同的理解和期待，並能夠提高校內教職員間的合作和溝通。

在推動雙語教育之時，為了有效地使用現有的教育資源，包括教師、課程、教材、設施等，建議透過 SWOT 分析，進一步發揮優勢和改善不足。

2.「1-1-4 能帶領行政部門對雙語教育設立共同的願景和目標。」

學校於推動雙語教育之時，校長扮演了一個重要且關鍵之推手。為了能夠讓學校有明確的方向和計畫，校長必須領導整個學校的團隊建立學校願景和雙語教育的推動目標，凝聚整體師生的共識，減少推行上所遭遇之阻力。校長需以身作則，建立典範，並綜合學校內之教師專業發展、學生學習、家長期許及社區背景等，積極溝通雙語教育趨勢，並提供輔助支持系統。學校內若形成對雙語教育支持的力量，將有助於整合和配合各項資源和活動、制定相應的教育計畫和策略，其願景目標也將指引雙語教學規劃與發展。

綜合以上，這些步驟能夠讓學校更能聚焦地推動雙語教育，並能夠提高雙語教育的品質和效果。建議學校可以依上述兩個群組所內含的六個指標為主軸來規劃單位的雙語教育策略，如此可以提升雙語教育的執行成效。

三、對教師的建議

本書呈現出雙語教師在規劃雙語教育策略時，所需考量各項因素之比重或改善之優先順序。從權重排序較高的指標來看，「4-2-1 能從有趣的學科內容及多元的課堂活動來激發學習動機。」、「4-2-2 能在學習過程中產生成就感。」、「4-2-4 師生能以自然的方式來交流。」、「4-3-1 教師能掌握學生進度並進行評估。」這上述四

項，都是雙語教師在進行雙語教學時首要重視的項目。這四個指標可以歸類在「活化教學，激發學生學習動機」及「透過掌握學生學習雙語的進度並及時進行評估來解決學生的學習問題」兩個方向，以下就這兩個方向對於教師的雙語教學建議來進行下列說明：

（一）活化教學，激發學生學習動機

在雙語教育實施的過程中，提供生動有趣的學科內容和多元的課堂活動是激發學生學習動機的一個重要因素。以下分述說明之：

「4-2-1 能從有趣的學科內容及多元的課堂活動來激發學習動機。」、「4-2-2 能在學習過程中產生成就感。」、「4-2-4 師生能以自然的方式來交流。」以上三項指標具有相輔相成之效，透過教師設計之有趣的雙語學習內容以及多元的課堂活動，能協助學生對語言學習產生興趣，同時透過這些活動協助學生能在學習過程中產生成就感。

從「4-2-1 能從有趣的學科內容及多元的課堂活動來激發學習動機。」及「4-2-2 能在學習過程中產生成就感。」指標來看，進行雙語教語授課時，建議教師重視以學生理解的方式進行教學，適時融入多元的教學活動來提升學生的學習動機，因若學生缺乏學習動機，即使教師對教學充滿熱情，其雙語教學成效將也事倍功半。教師可就授課班級的學生學習狀況，彈性延伸教學內容，建議可善用科技的搭配，透過多樣化的課程題材來活化課程，讓學生能以有趣、多元之方式進行雙語學習。此外，教師可將學生進行異質性的分組，培養學生團隊合作，激發學生投入雙語學習的意願。

從「4-2-4 師生能以自然的方式來交流。」指標來看，在雙語教學中，若師生能以自然的方式來進行交流，不但更容易建立良好的師生關係，能讓學生從課程中將英語自然而然融合成生活語言，

且能協助學生能更加融入學生語用的語言環境、提高表達的意願，並且提升語言的溝通能力。雙語教育的目的為將英語結合生活，協助學生培養帶得走的能力。故透過自在的、輕鬆的、生活化的學習方式，營造有趣且多元化的英文學習環境，減低學習雙語的焦慮感，無形中可增加學生學習的動機。

（二）透過掌握學生學習雙語的進度並及時進行評估來解決學生的學習問題

在雙語教育實施的過程中，教師若能掌握學生學習雙語時的進度並及時進行評估，讓學生在正確的學習軌跡上前進，並且能夠及時發現學生的學習問題並加以立即解決，將是對於學生學習雙語時的一個很需要的提醒。從「4-3-1 教師能掌握學生進度並進行評估。」指標來看，教師在實施雙語教育教學時，應具有高度的敏銳度，隨時追蹤學生的學習情形，並適時地提供評估及協助。多元化的評量為雙語教育所著重之部分，且多元化的評量能提升學生喜歡說英語及學習英語之興趣與動機。

教師可根據學生不同學習歷程來採取不同的評量方式，如使用形成性評量（學習單、學習任務等）、總結性評量（小組報告、專題報告等），針對學生個別的學習準備度，來進行評估及給予回饋。換而言之，教師應提供多元語言學習的鷹架，鼓勵學生藉由多樣化的方式溝通表達，瞭解學生的學習進程及困難之處，進而滾動式調整教學，增進學生學習成效。

綜而言之，教師在雙語教育中扮演著至關重要的角色，透過創新的教學方式和評估方法，以及良好的師生互動和評估反饋，能夠提高學生的學習動機和成就感，進而推動雙語教育的有效實施。

四、對未來研究的建議

（一）可針對相對權重分析結果，作答差異較大的專家學者進行訪談，瞭解差異情形

本書之相對權重問卷調查結果，有部分專家學者的填答其一致性檢定 CR 值大於.1，本書基於尊重各個填答者的想法，將填答內容予以保留。建議對本議題有興趣的研究者，可研究針對一致性檢定值較高者，進行進一步的質性訪談，瞭解其觀點的差異性。進而瞭解因何原因，而有不同的作答表現。

（二）將各項指標轉換為評估量表，藉此來評估雙語教育的實際執行情形

本書邀請雙語領域的專家學者來進行審題、模擬德懷術、相對權重問卷調查。建構出「層面—向度—指標」三層次之雙語教育策略指標系統。其具有可靠的信效度，值得作為雙語教育的機構或單位作為執行雙語教育成效的檢視基礎。建議未來可以將各項指標轉化為量表，提供各級學校進行雙語執行績效的評估量表，以瞭解各單位執行雙語教育的推動情形。而此量表，亦須隨著環境變化及政策改變等因素，隨之因應調整，以符合當代成效。

（三）將各項指標作為雙語教育策略的指標變項，藉此來印證指標的權重與實際所呈現時的表現差異

本書已將各項指標所佔有雙語教育策略的權重分析出來，建議未來的研究者可以將本書的指標作為雙語教育策略的指標變項。藉著雙語教育根據指標差異來實際施行後的結果，分析該指標是否有如本書所呈現出的指標權重。故能在實證研究後，將雙語教育策略的各項指標更加優化。則此指標就可以更有說服力的運用在實際教學策略層面。另外建議可以在國小、國中及高中等不同層級學校

來做實證研究，其指標權重應也有所差異。藉此可以取得更貼近運
用方的指標系統，來規劃更有效益的雙語教育策略。

參考文獻

一、中文部分

王力億（2020）。雙語教育的師資先決與師培改革。**臺灣教語評論月刊，9**(10)，31-36。

井上洋、天笠美之夫（1999）。**模糊理論**（陳耀茂譯）。五南。（原著出版於 1997 年）天下雜誌（2020 年 11 月 2 日）。**大學課堂全英語，臺灣做得到嗎？**https://www.cw.com.tw/article/5102583

王文科、王智弘（2020）。**教育研究法**（19 版）。五南。

王孝維（2022）。**國小校長韌性領導指標建構之研究**（未出版之博士論文）。臺北市立大學。

王承中（2018 年 12 月 5 日）。推動雙語國家 葉俊榮：部分科目擬用英語上課。**中央通訊社**。https://www.cna.com.tw/news/firstnews/201812050032.aspx

王俞蓓、林子斌（2021）。雙語教育的推行模式：從新加坡、加拿大的經驗反思臺灣雙語政策。**中等教育，72**(1)，18-31。

王彩鸝（2016）。**少子化海嘯來了**。聯合新聞網。https://theme.udn.com/theme/story/7490/1476946

王蓓菁（2014）。**以 CLIL 雙語教育模式實施國小低年級數學領域教學之行動研究**（未出版之碩士論文）。國立臺北教育大學。

王穎、張雁（2014）。美國雙語教育之爭下的教學模式嬗變及啟示。**外國中小學教育，210**，41-44。

王獻儀（2021）。教師專業學習社群之社會資本書──以桃園市大

安國小生態學校專業社群為例（未出版之碩士論文）。臺北市立大學。

公共電視（2018）。**政府推雙語教學 教師團體憂缺師資、城鄉落差大**。公視新聞網。https://news.pts.org.tw/article/415258

中華民國總統府（2020 年 5 月 20 日）。**第十五任總統暨副總統就職專輯**。https://www.president.gov.tw/Page/586

未來親子學習平臺（2019）。**專訪新北市教育局長張明文：課程、情境、師資同時著力，推動雙語教育**。https://futureparenting.cwgv.com.tw/family/content/index/15760

石宜正（2022）。**技術型高中學校行銷策略指標建構之研究**（未出版之博士論文）。國立彰化師範大學。

行政院（2019）。**2030 打造臺灣成為雙語國家——厚植國人英語力 提升國家競爭力**。https://www.ey.gov.tw/Page/5A8A0CB5B41DA11E/74eb5a0e-436d-4b78-9a1c-9d379f805331

自由時報電子報（2018 年 7 月 26 日）。**南市英語雙語教學試辦 1 年 1/4 學生口語能力達英檢初級**。https://news.ltn.com.tw/news/life/breakingnews/2500071

行政院（2002）。挑戰 2008：國家發展重點計畫（2002－2007）。http://www.wpeiic.ncku.edu.tw/law/%E6%8C%91%E6%88%B02008.pdf

李茂琪（2021）。**國小英語教師實施雙語教育歷程之個案研究**（未出版之碩士論文）。國立臺北教育大學。

李振清（2021）。雙語教育政策之務實規劃思維與持續落實之配套。**教育研究月刊，321**，4-16。

李憲榮（2002）。加拿大的英法雙語政策。載於施正鋒（主編），**各國語言政策——多元文化與族群平等**（頁 3-49）。前衛出版社。

吳英成（2010）。新加坡雙語教育政策的沿革與新機遇。**臺灣語文研究，5**(2)，63-80。

吳政達（2000）。**國民小學教師評鑑指標體系建構之研究——模糊德菲術、模糊層級分析法與模糊綜合評估法之應用。**（未出版之博士論文），國立政治大學。

吳政達（2008）。**教育政策分析：概念、方法與應用**（2 版）。臺北市：高等教育。

吳佩珊、熊同鑫（2020）。雙語教育——參訪富山國小有感。**臺灣教育評論月刊，9**(10)，56-59。

吳明隆（2011）。**論文寫作與量化研究**。五南。

吳彥慶、黃文定（2020）。從中學雙語師資培育經驗談臺灣雙語教學面臨的問題與因應之道。**臺灣教育評論月刊，9**(10)，42-46。

何臥龍（2017）。「德法文理中學」推行雙語教育相關規劃之個案研究——以德國弗萊堡中學為例。國立暨南國際大學。

阮姿涵（2021）。**臺灣與越南家長對雙語教育的態度之比較研究**（未出版之碩士論文）。康寧大學。

宋曜廷（2011）。調查研究法在數位學習的應用。載於宋曜廷（主編），**數位學習研究方法**（頁 73-103）。高等教育。

林子斌（2019）。新加坡教育國際化的助力：雙語教育之發展與啟示。**教育研究月刊，305**，116-125。

林子斌（2021）。建構臺灣「沃土」雙語模式：中等教育階段的現狀與未來發展。**中等教育，72**(1)，6-17。

林子斌（2021）。臺灣本土雙語教育的推動：國中小可以怎麼做？**師友雙月刊，626**，58-63。

林子斌（2021）。雙語教育實踐的要素：雙語教師專業學習社群之運作與功能初探。**教育研究月刊，327**，4-13。

林子斌、吳巧雯（2021）。公立國民中學推動雙語教育之挑戰與回應：政策到實踐。**教育研究月刊，321**，30-42。

林敏惠（2016）。**以學生為中心的英語教科書選用之研究：以花蓮一所小學為例**（未出版之碩士論文）。國立東華大學。

林朝億（2020 年 6 月 12 日）。**強調雙語教育 蔡英文：讓政府與銀行都可以使用英文溝通**。https://newtalk.tw/news/view/2020-06-12/420479。

林驛哲（2022）。**公立國小學校型態實驗教育評鑑機制與指標建構之研究**（未出版之博士論文）。國立臺南大學。

周志貞（2022）。**新北市高中原住民藝能班推動民族教育之個案研究**（未出版之碩士論文）。國立臺灣師範大學。

易秀枝（2021）。**高級中等學校學群科中心課程與教學輔導成效指標建構之研究**（未出版之博士論文）。國立彰化師範大學。

施皇羽（2017）。**高等教育顧客導向行銷策略指標建構與實證分析之研究**（未出版之博士論文）。國立暨南國際大學。

段慧瑩（2000）。雙語教育模式。**教育大辭書**。http://terms.naer.edu.tw/detail/1315269/

馬志風、歷晶（2021 年 7 月 19 日）。**CLIL 教學法視域下高校英語教師專業發展對策研究**。https://m.fx361.com/news/2021/0719/8586907.html

翁嘉聲（2019 年 5 月 9 日）。教育局採訪通知 1080510 臺北市 107 學年度雙語實驗課程暨英語融入領域教學實驗計畫成果發表「雙語大教室」素養導向教學活動。臺北市教育局。【新聞群組】https://www.doe.gov.taipei/News_Content.aspx? n=0F560782595DACFC&sms=72544237BBE4C5F6&s=C61908969DF22B40&ccms_cs=1

孫志麟（1998）。**國民教育指標體系的建立與應用**（未出版之博士論文）。國立政治大學。

孫志麟（2000）。教育指標的概念模式。**教育政策論壇，3**(1)，117-136。

祝實蕙（2010）。**學齡前雙語教育對國小低年級學童學習成就之影響——以臺北縣新莊市某國小為例**（未出版之碩士論文）。國立政治大學。

高雄市政府教育局（2019 年 12 月 24 日）。**高雄市雙語教育《四箭齊發・五力全開》實施計畫**。https://www.kh.edu.tw/publicInfo/engReport/20190032

高雄市政府教育局（2021 年 5 月 10 日）。**校校有雙語、高雄創先行 高雄市宣示推動雙語教育創新方案**。https://www.kh.edu.tw/publicInfo/engReport/20210006

高麗鳳（2021）。**臺北市公立國民小學實施雙語教育現況與影響因素之研究**（未出版之碩士論文）。國立臺北教育大學。

教育科學文化處（2010）。**2030 雙語國家政策發展藍圖**。107 年 12 月 6 日。https://www.ey.gov.tw/Page/448DE008087A1971/b7a931c4-c902-4992-a00c-7d1b87f46cea

教育部（2011）。**中小學國際教育白皮書——扎根培育 21 世紀國際化人才**。https://reurl.cc/N6eOl9

教育部（2011）。**國民中小學九年一貫課程綱要語文學習領域（英語）**。https://cirn.moe.edu.tw/Guildline/index.aspx?sid=9

教育部（2018）。**十二年國民基本教育國民中小學暨普通型高級中等學校語文領域（英語文）課程綱要草案**。https://www.naer.edu.tw/files/15-1000-10472,c639-1.php?Lang=zh-tw

教育部（2018）。**教育部推動雙語國家計畫**。教育部。

教育部（2019）。**教育部推動雙語國家計畫**。https://www.edu.tw/
News_Content.aspx?n=D33B55D537402BAA&s=FB233D7EC45
FFB37

教育部（2020）。**中小學國際教育白皮書 2.0**。臺北市，教育部。

梁雨薇（2021）。**雙語教育政策下雙語教師的工作壓力之研究——
以桃園市雙語國小為例**（未出版之碩士論文）。開南大學。

連姿婷（2021）。**桃園市公立國民小學雙語教育實施現況之個案
研究**（未出版之碩士論文）。國立臺北教育大學。

郭彥廷（2021）。雙語教育的現場觀察與期待。**臺灣教育評論月
刊，10**(11)，195-196。

郭瑾融（2020）。**沉浸式英語教學應用於臺灣小學之個案研究**
（未出版之碩士論文）。國立嘉義大學。

許家菁（2019）。從十二年國教英語領綱淺談雙語教育的可能性。
臺灣教育評論月刊，8(9)，76-81。

許家齊（2021）。**師資缺口能快速補足？**http://new-cwk-com-
tw.erms.nttu.edu.tw:3000/article.php?db=parenting&id=7720&fl
ag=0

章凱閎（2020 年 7 月 27 日）。教育部推雙語，每年引進 300 位外
師。**聯合報**，A12 版。

陳映如（2015）。**特色學校永續經營指標建構之研究**（未出版之
博士論文）。臺北市立大學。

陳美如、曾莉婷（2020）。雙語教育——認同、策略與人才培育。
臺灣教育，721，13-24。

陳彥蓉（2021）。**資訊融入英語跨領域專業社群之社會資本書——
以臺北市某國小為例**（未出版之碩士論文）。臺北市立大
學。

陳純音、林慶隆（2021）。雙語教學的光譜與對策。**教育研究月**

刊，**321**，43-58。

張明雅（2010）。**提升幼兒雙語教育品質——以嘉義市諾爾堡幼教機構為例**（未出版之碩士論文）。國立雲林科技大學。

張雅喬（2021）。**臺中市國民小學教師對雙語教育政策認知、執行與困境之研究**（未出版之碩士論文）。逢甲大學。

張鎮山（2021）。**國民小學推動雙語教育班策略之研究：以桃園市某公立國小為例**（未出版之碩士論文）。銘傳大學。

國家發展委員會（2018）。**2030 雙語國家政策發展藍圖**。https://reurl.cc/VXVnnR

國家發展委員會（2019 年 4 月 25 日）。**臺南市政府第二官方語言行動計畫 English as the Second Official Language Action Plan of Tainan City Government**。https://bilingual.ndc.gov.tw/content/%E8%87%BA%E5%8D%97%E5%B8%82 %E6%94%BF%E5%BA%9C%E7%AC%AC%E4%BA%8C%E5%AE%98%E6%96%B9%E8%AA%9E%E8%A8%80%E8%A1%8C%E5%8B%95%E8%A8%88%E7%95%AB-english-second-official-language-action-plan-tainan-city-government

曾雅淑（2021）。**國際接軌與雙語教育政策因應：以南科實中國小部為例**（未出版之碩士論文）。國立中正大學。

鄒文莉、高實玫（主編）（2018）。**CLIL 教學資源書：探索學科內容與語言整合教學**。書林。

鄒文莉（2020）。臺灣雙語教育師資培訓。**師友雙月刊**，**622**，30-40。

鄒文莉（2021）。臺灣雙語教育之全球在地化思維：學術面與實踐面的反思與啟示。**教育研究月刊**，**321**，17-29。

鄒文莉（2021）。雙語教學的概念與實踐——成功大學鄒文莉教授專訪報導。**師友雙月刊**，**626**，6-13。

經濟日報（2019 年 3 月 13 日）。**雙語國家，我們準備好了嗎？** https://money.udn.com/SSI/digital-news/2019/bilingual-country/index.html

黃月純（2009）。臺灣非正規高等教育層級課程認證之研究。**高等教育，4**(2)，95-127。

黃世隆（2020）。**高中學校教學圈指標及權重系統建構之研究**（未出版之博士論文）。臺北市立大學。

黃琇屏（2021）。公立中小學雙語教育實施現況與挑戰。**臺灣教育評論月刊，10**(12)，06-11。

黃涵榆（2022 年 4 月 27 日）。再談「雙語國家」迷思：我們到底在追求什麼樣的「全球化」英語教學？ https://www.thenewslens.com/article/165087

彭云（2021）。**雙語教育之教學信念與教學行為之研究——以高雄市偏鄉國民小學英語教師為例**（未出版之碩士論文）。樹德科技大學。

曾憲政（2012）。國際化與全英語授課的迷思。**臺灣教育評論月刊，1**，39。

新北市政府教育局（2018 年 3 月）。**新北市 107-109 學年度國民小學雙語實驗課程實施計畫小學雙語實驗課程實施計畫。**【107 年 3 月 5 日新北教國字第 1070413919 號函】

葉若蘭、翁福元（2021）。雙語教育推動的挑戰與配套措施建議。**臺灣教育評論月刊，10**(12)，19-26。

葉連祺（2005）。層級分析法和網絡分析法。**教育研究月刊，132**，152-153。

葉連祺（2009）。教育指標。**教育研究月刊，180**，100-102。

葉德明（2009）。**雙語教學之理論與實踐**。國立臺灣師範大學。

葉蕙芬（2009）。國小優良教師素質指標建構與實證之研究（未

出版之博士論文）。臺北市立教育大學。

楊怡婷（2022）。學校推動雙語教學之挑戰與因應。**臺灣教育評論月刊**，**11**(1)，81-86。

楊智穎（2015）。體檢與前瞻十二年國教中多元文化教育的課程發展與實施。**臺灣教育評論月刊**，**4**(10)，45-49。

楊瑞濱（2021）。臺北市推動國中小雙語教育之有效行政支持。**師友雙月刊**，**626**，50-57。

臺中市政府（2021 年 2 月 23 日）。**中市外師三倍增 英語師資數六都第一**。https://www.taichung.gov.tw/1732245/post

臺中市政府（2022 年 2 月 21 日）。**栽培下一代！中市外籍教師人數連續兩年全國之冠**。https://www.taichung.gov.tw/1988747/post

臺北市政府教育局（2021 年 6 月 9 日）。**臺北市雙語課程學校**。https://www.doe.gov.taipei/News_Content.aspx?n=2ADAF137A801E4D2&sms=C04230CB75259A56&s=8E17591F678ED1B5

臺南市政府（2021 年 4 月 4 日）。**南市打造雙語教育之都 全國首推雙語學校倍增計畫 創設跨領域雙語輔導團及雙語教育中心**。https://www.tainan.gov.tw/news_content.aspx?n=13370&s=7755367

趙士瑩（2018）。**國民中學兼任行政教師行政專業能力指標建構與實證分析之研究**（未出版之博士論文）。國立暨南國際大學。

廖偉民（2020）。2020 年臺灣公立國小推展雙語教育之探討。**臺灣教育評論月刊**，**9**(9)，90-96。

鄧振源、曾國雄（1989）。層級分析法（AHP）的內涵特性與應用（上）。**中國統計學報**，**27**(6)，5-22。

潘乃欣（2020）。**雙語教育師資不足 潘文忠：明年經費增為 10 倍加速培育**。https://udn.com/news/story/6885/4719261

潘慧玲、王麗雲、簡茂發、孫志麟、張素貞、張錫勳、陳順和、陳淑敏、蔡濱如（2004）。國民中小學教師教學專業能力指標之發展。**教育研究資訊**，**12**(4)，129-168。

蔡金田（2006）。**國民中小學校長能力指標建構與實證分析之研究**（未出版之博士論文）。國立中正大學。

蔡金田（2013）。國民小學教育品質理論層面建構與實證分析之研究。**嘉大教育研究學刊**，**31**，1-33。

蔡育澤（2012）。**教師環境素養指標與檢測工具建立之研究**（未出版之碩士論文）。國立臺中教育大學。

蔣東霖（2017）。**國民中小學校長通識素養指標建構與實證分析之研究**（未出版之博士論文）。國立暨南國際大學。

劉雨姍（2021）。**國民小學校長領導信念之個案研究**（未出版之碩士論文）。臺北市立大學。

劉雲傑（2011）。**國民小學永續學校指標建構與實證分析之研究**（未出版之博士論文）。國立新竹教育大學。

親子天下（2022 年 1 月 3 日）。**FULL 市臺中雙語教育全面啟動培育自在溝通能力，陪伴孩子們擁抱世界**。https://www.parenting.com.tw/article/5091641

親子天下（2021 年 6 月 29 日）。**臺灣推行雙語教育 臺師大教授林子斌給出 4 提醒**。https://www.parenting.com.tw/article/5090132

盧柏安（2021）。雙語教育政策推動的契機：以新北市國小為例。**師友雙月刊**，**626**，34-42。

鮑瑤鋒（2021）。臺灣雙語教育政策檢討。**臺灣教育評論月刊**，**10**(12)，12-18。

聯合報（2021 年 4 月 26 日）。**教部推雙語教育 高中生喊「已經夠忙了」籲適性發展**。聯合新聞網。https://udn.com/news/stor

y/6885/5415191

聯合報（2022 年 1 月 10 日）。**雙語教育白皮書 柯文哲宣布 2026 北市國中小 100％全雙語**。聯合新聞網。https://udn.com/news/story/6885/6022575

謝國平（1993）。從語言規劃看雙語教育。**華文世界，75**，32-36。

鍾敏菁（2019）。**國民中小學活化校園指標建構之研究**（未出版之博士論文）。臺北市立大學。

謝傳崇、沈芷嫣（2022）。歐洲國家英語融入學科（CLIL）教學的困境與因應之道。**臺灣教育，733**，1-18。

簡雅臻（2019）。**培養學生以英語學習領域的 CLIL**。https://www.cet-taiwan.com/DrCET/detail.asp?serno=1248

蘇凰蘭（2020）。融入母語讀寫的大學課堂實踐：語言意識啟發和語言行銷。**臺灣教育評論月刊，9**(10)，77-87。

蘇喜慧（2020）。**影響雙語教育執行成功與否的因素及其執行策略——以臺北市某國際學校英法雙語教育為例**（未出版之碩士論文）。國立臺北教育大學。

二、英文部分

Anning, A. (1995). A national curriculum for key stage one. In *A. Anning (Ed.), A national curriculum for the early years* (pp. 1-12). Open University Press.

Arnó-Macià, E., & Mancho-Barés, G. (2015). The role of content and language in content and language integrated learning (CLIL) at university: Challenges and implications for ESP. *English for specific Purposes*, *37*, 63-73.

Baker, C. & Wright, W.E. (2017). *Foundations of bilingual education and bilingualism* (6th ed.). Claverdon, England: Multilingual Matters LTD.

Barrett, A. M., & Sørensen, T. B. (2015). Indicators for All? Monitoring Quality and Equity for a Broad and Bold Post-2015 Global Education Agenda. *Open Society Foundations.* https://files.eric.ed.gov/fulltext/ED609988.pdf

Buckley, J. J. (1985). Fuzzy hierarchical analysis. *Fuzzy sets and systems, 17*(3), 233-247.

Cohen, A. D. (1975). *A Sociolinguistic Approach to Bilingual Education.* Newbury House.

Coyle, D. (1999). Supporting students in content and language integrated learning contexts: Planning for effective classrooms. In *J. Masih (Ed.), Learning through a foreign language: Models, methods and outcomes* (pp. 46-62). Centre for Information on Language Teaching and Research.

Cuenin, S. (1987). The use of performance indicators in universities: An international survey. *International Journal of Institutional Management in Higher Education, 11*(2),117-139.

Dalkey, N. C. (1969). *The Delphi method: An experimental study of group opinion.* Prepared for United States Air Force Project Rand, Santa Monica.

Delbacq, A. L. (1975). *Group techniques for program planning: A guide to nominal group and Delphi processes.* Scott, Foresman and Company.

Elliott, E. J. (1991). *Education counts: An indicator system to monitor the nation's educational health.* Acting Commissioner of Education Statistics.

Freeman, R. (2007). Reviewing the research on language education programs. In O. García, & C. Backer (2007) (Eds.) *Bilingual Education: An Introductory reader* (pp.3-18). Multilingual Matters.

García, O. & Beardsmore, H. B. (2009). *Bilingual education in the 21st century: A global perspective.* Malden, MA: Wiley-Blackwell.

Genesee, F. (1994). *Integrating language and content: Lesson from immersion.* (Educational Practice Reports No. 11). Center for Applied Linguistics, National Center for Research on Cultural Diversity and Second Language Learning.

Goris, J. A. (2019). Effects of content and language integrated learning in Europe A systematic review of longitudinal experimental studies. *European Educational Research Journal, 18*(6), 675-698.

Graddol, D. (2006). ***English next (Vol. 62)***. London: British Council.

Graham, B., Regehr, G., & Wright, J. G. (2003). Delphi as a method to establish consensus for diagnostic criteria. *Journal of clinical epidemiology, 56*(12), 1150-1156.

Grosjean, F. (2010). *Bilingual: Life and reality.* Harvard University Press.

Heras, A., & Lasagabaster, D. (2015). The impact of CLIL on affective factors and vocabulary learning. *Language Teaching Research, 19*(1), 70-88.

Hughes, S. (2007). *The identification of quality indicators in English language teaching: A study in compulsory and noncompulsory secondary level* [Unpublished doctoral dissertation]. University of Granada.

Hurajová, A. (2015). Content and language integrated learning as a bilingual educational approach in the European context. *European Journal of Science and Theology, 11*(6), 5-14.

Issac, S., & Michael, W. (1984). *Handbook in research and evaluation.* San Diego, CA: Edits.

Jenkins, J. (2006). Current perspectives on teaching world Englishes and English as a lingua franca. *TESOL quarterly, 40*(1), 157-181.

Johnstone, J. N. (1981). *Indicators of education system.* UNESCO.

Köktürk, Ş., Odacıoğlu, M. C., & Uysal, N. M. (2016). Bilingualism and bilingual education, bilingualism and translational action. *International Journal of Linguistics, 8*(3), 72-89. https://doi.org/10.5296/ijl.v8i3.9601.

Krashen, S. D. (1981). *Second language acquisition and second language learning.* University of Southern California.

Krueger, R. A. & Casey, M. A. (2000). Focus Groups: A Practical Guide for Applied Research. Sage.

Küpelikilinc, N. & Ringler, M. (2007). Spracherwerb von mehreren Sprachen. In: *Verband binationaler Familien und Partnerschaften iaf e.V.* (Hg.), Kompetent Mehrsprachig. Sprachförderung und interkulturelle Erziehung im Kindergarten. Frankfurt.

Lewin, K. M. (2015, April). *Goals and Indicators for Education and Development Consolidating the Architectures.* Open Society Foundations. https://www.opensocietyfoundations.org/uploads/88e6dbf8-caa4-4513-a698-7bc1d55e1c2f/lewin-goals-indicators-edu-dev-

20150515.pdf

Ley Orgánica 10/2002, de 23 de diciembre, de Calidad de la
Educación. Boletín Oficial del Estado, 307.
https://www.boe.es/buscar/doc.php?id=BOE-A-2002-25037

Linstone, H. A., & Turoff, M. (1975). *The Delphi Mehod: Technique
and application.* Reading Massachusetts: Addison-Wesley
Publishing, Co. Advanced Brook Program.

M&E studies. (2019). *What are indicators and Types of indicators?*
http://www.mnestudies.com/monitoring/what-indicators-and-
types-indicators

Management Charter Initiative (1995). *Senior management standard.*
Sheffield: MCI. National Association of Elementary School
Principals (1997). Proficiencies for principals: Elementary and
middle school. National Association of Elementary School
Principals.

Marsh, D. (1994). *Bilingual education & content and language
integrated learning.* International Association for Cross-cultural
Communication (Eds.), Language Teaching in the Member States
of the European Union (Lingua). University of Sorbonne.

Marsh, D. (2000). *Using languages to learn and learning to use
languages.* Finland: University of Jyväskylä.

Marsh, D., Mehisto, P. & Frigols, M. (2010). *European framework for
CLIL teacher education: A framework for the professional
development of CLIL teachers.* Council of Europe.

MDF Tool. (2005) *Indicators.*
https://www.toolkitsportdevelopment.org/html/resources/40/408
CC56F-509A-40D8-BE46-D7EEB4261F97/10%20Indicators.pdf

Mead, D., & Mosely, L. (2001). The use of the Delphi as a research approach. *Nurse researcher, 8*(4), 4-23.

Met, M. (1993). *Foreign language immersion program*. Eric Clearinghouse.

National Development Council (2018a). *Blueprint for developing Taiwan into a bilingual nation by 2030*. National Development Council. https://www.ndc.gov.tw/en/Content_List.aspx?n=D933E5569A87A91C&upn=9633B 537E92778BB

Oakes, J. (1986). *Educational indicators: A guide for policy makers*. Center for Policy Research in Education.

Perna, L. W., & Swail, W. S. (2000). A view of the landscape: Results of the national survey of outreach programs. In *Outreach program handbook 2001* (pp. xi-xxix). The College Board.

Perna, L. W., & Titus, M. A. (2005). The relationship between parental involvement as social capital and college enrollment: An examination of racial/ethnic group differences. *The journal of higher education, 76*(5), 485-518.

Piller, I., & Cho, J. (2013). Neoliberalism as language policy. *Language in Society, 42*, 23-44.

Sánchez, María & García, Ofelia & Solorza, Cristian. (2017). Reframing language allocation policy in dual language bilingual education. *Bilingual Research Journal, 41*, 1-15.

Snow, M.A., Met, M., & Genesee, F. (1989). A conceptual framework for the integration of language and content in second/foreign language instruction. *TESOL Quarterly, 23*, 201-217.

Suarez-Orozco, C., & Suarez-Orozco, M. (2001). *Children of immigration*. Harvard University Press.

Tabatadze, S. (2008). Bilingual educational policy in Georgia. *Journal "Solidaroba", (23)*, 66-80.

Wang, L. Y., & Lin, T. B. (2014). Exploring the identity of pre-service NNESTs in Taiwan: A social relationally approach. *English Teaching: Practice and Critique 13*(3), 5-29.

Windham, D. M. (1988). Effectiveness indicators in the economic analysis of educational activities. *International Journal of Educational Research, 12*(6), 575-665.

Wright, W. E., Boun, S., & García, O. (2015). Introduction: key concepts and issues in bilingual and multilingual education. In. *W. E. Wright, S. Boun, & O. Garcia (Eds.), The Handbook of Bilingual and Multilingual Education* (pp. 1-16). Wiley Blackwell.

Yang, W. (2018). The deployment of English learning strategies in the CLIL approach: a comparison study of Taiwan and Hong Kong tertiary level contexts. *ESP Today: Journal of English for Specific Purposes at Tertiary Level, 6*(1), 44-64.

附　錄

附錄一　焦點團體座談結果

焦點團體座談結果

原定指標項目	與會者建議	共同討論後調整之指標項目
1-1-1 能凝聚共識,將學校內部資源重新盤點,研擬出適合的雙語教育計畫。	B 建議修改文字內容,以增進閱讀理解,其他與會者表示贊同。	1-1-1 能凝聚共識,重新盤點資源,研擬出適合的雙語教育計畫。
1-1-2 能聘任使用雙語進行溝通的教職員。	無須修改及調整。	維持原指標內容。
1-1-3 能帶起學校成員正向的溝通氣氛。	無須修改及調整。	維持原指標內容。
1-1-4 能帶領行政部門對雙語教育設立共同的願景和目標。	無須修改及調整。	維持原指標內容。
1-1-5 能以身作則使用雙語,建置校內良好的雙語環境。	A 建議修改文字內容,避免與 3-1 環境規劃內涵相似,其他與會者表示贊同。	1-1-5 能以身作則使用雙語,建置校內良好的雙語典範。
1-2-1 各校雙語計畫須持續調整與修正,逐步找到合適的雙語政策定位。	無須修改及調整。	維持原指標內容。
1-2-2 針對各校不同的雙語推動政策,須有一套自我檢核的評鑑方式。	無須修改及調整。	維持原指標內容。

原定指標項目	與會者建議	共同討論後調整之指標項目
1-2-3 能具備雙語師資與課程審查及檢核機制。	無須修改及調整。	維持原指標內容。
1-2-4 能符合在地情境的需求。	C 認為「情境」在敘述上的解讀較不明確，建議調整為「文化」。其他與會者亦表示贊同。	1-2-4 能符合在地文化的需求。
1-2-5 能含括師資、軟硬體設備、課程、行政等多方面之績效衡量構面。	無須修改及調整。	維持原指標內容。
2-1-1 能結合母語和第二語言來整合雙語學習。	I 建議調整為能結合中文和英文來整合雙語學習。其他與會者亦表示贊同。	2-1-1 能結合中文和英文來整合雙語學習。
2-1-2 能建構領域螺旋式鷹架。	無須修改及調整。	維持原指標內容。
2-1-3 需要教學者和學習者之間的互動。	無須修改及調整。	維持原指標內容。
2-1-4 能力分組、差異化教學、科技輔具、英語助教等方法有助於雙語教學的實施。	I 建議改為能以能力分組、差異化教學、科技輔具等方法來提升雙語教學的實施。其他與會者亦表示贊同。	2-1-4 能以能力分組、差異化教學、科技輔具等方法來提升雙語教學的實施。
2-1-5 能由外師與本地教師進行協同教學、共同備課，達到互補、互利的成效。	無須修改及調整。	維持原指標內容。
2-2-1 能同時重視語言學習與認識他國文化。	無須修改及調整。	維持原指標內容。

原定指標項目	與會者建議	共同討論後調整之指標項目
2-2-2 能依學生學習情況進行滾動式修正，彈性調整雙語課程和教學課綱。	C 認為雙語課程與教學課綱有重複性質，故刪除「教學課綱」。其他與會者亦表示贊同。	2-2-2 能依學生學習情況進行滾動式修正，彈性調整雙語課程。
2-2-3 能安排循序漸進的雙語學習內容。	無須修改及調整。	維持原指標內容。
2-2-4 能開發雙語教材或請專家學者編寫內容合適的教材，發展課程包與平臺來協助雙語教學。	A 表示大部分的學校無法開發雙語教材，建議改為能善用雙語教材，採用合適的教學方法，運用適當的平臺來協助雙語教學。 C 表示自己學校負責彰化縣雙語教學的其中一所學校，學校賦予任務需要繳交雙語教案，學校是必須開發出來的。 E 表示自己是做臺中市雙語教育計畫，二軌三階制，學校有申請計畫的都必須有雙語教案的產出，學校是需要開發的條件。 C 建議將開發教材的部分移至 2-2-5，2-2-4 調整為「由外部專家編寫教材或平臺來進行雙語教學。」 B 建議整合雙語教育的資源。	2-2-4 由外部專家編寫教材或平臺來進行雙語教學。

原定指標項目	與會者建議	共同討論後調整之指標項目
2-2-5 應開發符合本土文化的教材。	B 建議改為創研雙語校本教材。其他與會者亦表示贊同。	2-2-5 應創研雙語校本教材。
2-3-1 能透過研習、請教專業教師、上網蒐集資料來增加教師專業發展。	無須修改及調整。	維持原指標內容。
2-3-2 能組成雙語小組，以英語教師為主，進行共備討論。	A 與 F 認為 2-3-2 與 2-3-3 文字敘述雷同性高，需做個整合。 J 認為是否一定需要以英語教師為主？	2-3-2 能組成雙語小組，進行共備討論。
2-3-3 校內自主的增能與培訓，來推動雙語教育。	無須修改及調整。	維持原指標內容。
2-3-4 能建置跨領域教師的緊密合作關係。	無須修改及調整。	維持原指標內容。
2-3-5 能由英語教師參加雙語教師專業學習社群，扮演經驗分享。	F 與 B 認為由英語教師召集領域教師來組成教師專業社群，分享其經驗。	2-3-5 能由英語教師召集領域教師來組成教師專業社群，分享其經驗。
3-1-1 能提供積極友善的雙語校園學習環境。	無須修改及調整。	維持原指標內容。
3-1-2 能重視真實語境下的應用，協助學生活化學習。	無須修改及調整。	維持原指標內容。
3-1-3 能尊重學生群體的多元文化特質，創造多元的雙語學習環境。	無須修改及調整。	維持原指標內容。
3-1-4 能重視語用及學習落差，建構雙語環境。	無須修改及調整。	維持原指標內容。

原定指標項目	與會者建議	共同討論後調整之指標項目
3-1-5 能招募外籍生來於校園內雙語環境建置。	E 認為此處指的外籍生在閱讀上難以定義，本書看的是中小學，非大學的外籍生，故建議刪除。	3-1-5 進行刪除。
3-2-1 能使用資訊科技來輔助雙語教學，如 AR, VR。	I 認為 3-2-1 與 3-2-3 內容差異性不大，建議整併。	3-2-1 能善用數位科技工具來輔助雙語教學，打造不受時空限制的雙語學習環境。
3-2-2 能觀看英語教學影片、搭配情境教室等多模式教學方式來增加雙語教學靈活度。	A 建議改為能建置雙語情境教室，搭配觀看英語教學影片等多模式教學方式來增加雙語教學靈活度。	3-2-2 能建置雙語情境教室，搭配觀看英語教學影片等多模式教學方式來增加雙語教學靈活度。
3-2-3 能善用數位科技工具，打造不受時空限制的雙語學習環境。	I 認為 3-2-1 與 3-2-3 內容差異性不大，建議整併。	3-2-1 能善用數位科技工具來輔助雙語教學，打造不受時空限制的雙語學習環境。
3-2-4 能透過英文電臺以提升學習者英語能力。	I 建議建置英聽廣播系統，提升學習者英語能力。	3-2-3 建置英聽廣播系統，提升學習者英語能力。 指標標號改為 3-2-3。
3-2-5 能發展課程平臺以協助雙語教育教學成效。	無須修改及調整。	維持原指標內容。 指標標號改為 3-2-4。
4-1-1 能將母語結合第二外語的情況下習得雙語教育。	A 此指標與 2-1-1 雷同，建議刪除此指標。 J 認為此問卷施測時，填卷者是否理解母語和第二外語是指什麼語言？	刪除此指標項目。
4-1-2 能將自己的文化與他人的文化作連結。	無須修改及調整。	維持原指標內容。 指標標號改為 4-1-1。
4-1-3 能促使母語在教	無須修改及調整。	維持原指標內容。

原定指標項目	與會者建議	共同討論後調整之指標項目
育中扮演輔佐的角色，協助語言及其文化能同時被保存。		指標標號改為 4-1-2。
4-1-4 能在於基礎語法結構上建立更深層次的知識的學習。	無須修改及調整。	維持原指標內容。 指標標號改為 4-1-3。
4-1-5 能將所習得的知識技能，在雙語課堂中進行應用，使用英語表達自己的情感、分享自己的文化與生活經驗。	B 認為敘述較為冗長，建議改為：能將所習得的知識技能，應用於雙語課堂中，用英語表達情感、分享文化與生活經驗。	4-1-4 能將所習得的知識技能，應用於雙語課堂中，用英語表達情感、分享文化與生活經驗。 指標標號改為 4-1-4
4-2-1 能從有趣的學科內容來激發學習動機。	E 表示 4-2-1 與 4-2-2 意思雷同，須整併。	4-2-1 能從有趣的學科內容及多元的課堂活動來激發學習動機。
4-2-2 能藉由多元的課堂活動來增加學習興趣。	E 表示 4-2-1 與 4-2-2 意思雷同，須整併。	4-2-1 能從有趣的學科內容及多元的課堂活動來激發學習動機。
4-2-3 能在學習過程中產生成就感。	無須修改及調整。	維持原指標內容。 指標標號改為 4-2-2。
4-2-4 能允許目標語的語法或詞彙使用錯誤。	F 建議改為允許學生在使用雙語時的語法或詞彙使用錯誤。	4-2-3 允許學生在使用雙語時的語法或詞彙使用錯誤。 指標標號改為 4-2-3。
4-2-5 能與他們的同儕或教師以自然的方式來交流。	E 建議改為能與同儕或教師以自然的方式來交流。 B 建議改為師生能以自然的方式來交流。	4-2-4 師生能以自然的方式來交流。 指標標號改為 4-2-4。
4-3-1 教師能掌握學生進度並進行評估。	無須修改及調整。	維持原指標內容。

原定指標項目	與會者建議	共同討論後調整之指標項目
4-3-2 教師能給予學生關於學習上的回饋。	無須修改及調整。	維持原指標內容。
4-3-3 能具外部測驗的結果分析。	無須修改及調整。	維持原指標內容。
4-3-4 能檢核學生在實際情況中使用英文的能力。	無須修改及調整。	維持原指標內容。
4-3-5 能並重語言與學科內容兩項評量。	無須修改及調整。	維持原指標內容。
5-1-1 家長能參與、配合並具有共識推行雙語教育，以提高雙語教育的質與量。	無須修改及調整。	維持原指標內容。
5-1-2 家長參與為社會資本的一部分，協助少數民族在教育上的助力。	E 認為少數民族的定義模糊，建議刪除。 H 認為此點在教育現場的關聯性不大，建議刪除。 F 認為國外文獻的民族多樣性是可以理解的，在臺灣指的是弱勢族群，此點還是可以調整敘述後放入指標項目。 J 認為「少數民族」不易讓人理解。	刪除此指標項目。
5-1-3 家長參與成果發表活動，具雙語教育宣傳成效。	無須修改及調整。	維持原指標內容。 指標標號改為 5-1-2。
5-1-4 能支持學校辦理雙語教學的活動，且重視子女的英文學習。	無須修改及調整。	維持原指標內容。 指標標號改為 5-1-3。

原定指標項目	與會者建議	共同討論後調整之指標項目
5-1-5 能有定見，在參考各方建議時要能尊重孩子的個別差異其獨特性，找出最適合孩子的雙語學習方式。	B 建議改為廣納家長的意見及期待，找出最適合孩子的雙語學習方式。	5-1-4 廣納家長的意見及期待，找出最適合孩子的雙語學習方式。 指標標號改為 5-1-4。
5-2-1 能考量臺灣在地情境的需求，非僅一昧地移植他國的經驗。	F 認為 5-2-1 與 5-2-4 敘述雷同，建議強調在地化。 J 認為 5-2-1、5-2-2 與 5-2-4 敘述雷同，建議整併。	5-2-1 能考量臺灣在地文化，非僅一昧地移植他國的經驗。
5-2-2 能將雙語教育與在地融合互相搭配。	無須修改及調整。	維持原指標內容。
5-2-3 學校與社區的配套措施與支持系統非常重要。	F 認為敘述上做修改。 B 建議改為能建構出學校社區的配套措施與支持系統。	5-2-3 能建構出學校社區的配套措施與支持系統。
5-2-4 學校在發展雙語教育之時，應將在地文化納入考量中，彰顯屬於自己社區的在地文化。	F 和 J 認為 5-2-1 與 5-2-4 敘述雷同，建議強調彰顯社區文化。	5-2-4 學校在發展雙語教育之時，應彰顯屬於自己社區的在地文化。

附錄二　雙語教育策略指標系統
——模糊德懷術問卷調查

國立暨南國際大學
NATIONAL CHI NAN UNIVERSITY
545 南投縣埔里鎮大學路 1 號
No. 1, Daxue Rd., Puli Township, Nantou County, Taiwan (R.O.C.)
TEL: 886-49-2910960 ext 2996

教授　道鑑：久仰淵博碩望，敬維
公私迪吉，諸事順遂，為祝為頌。

　　弟指導之國立暨南國際大學教育研究所博士班郭喬雯同學，刻正進行「國民中小學雙語教育策略指標建構之研究」，現已完成專家審題及模糊德懷術問卷編製。誠摯感謝您於百忙之中，惠允擔任論文研究的問卷專家，問卷調查分成兩個階段，第一階段針對國民中小學雙語教育策略指標的重要性進行評估；第二階段則以模糊統計分析後的指標再進行層級分析法（Analytic Hierarchy Process, AHP）問卷調查。您的專業觀點與建議對指標建構將有極大助益，懇祈惠賜卓見。

　　本次為「國民中小學雙語教育策略指標建構之研究」第一階段模糊德懷術問卷，問卷填寫的結果將作為實施第二階段 AHP 調查問卷的編製依據。每回合問卷的填寫結果僅供學術研究之用，個人填寫之內容則不會對外公開，敬請安心填答。您的意見與建議將提升本書之學術與實用價值，感謝您撥冗填寫，同時懇請您填寫完畢後，將本次問卷及填寫後的匯款資料（填答費用將於兩階段問卷完成後轉帳至您填寫的帳戶）一同置入所附之回郵信封，於 **112** 年 **1** 月 **16** 日（一）前寄回，衷心感謝。

　　耑此　敬祝

　　　　　時祺

　　弟　國立暨南國際大學教育政策與行政學系　蔡金田　敬上

中華民國 112 年 1 月 2 日

博士生：郭喬雯

連絡電話：0958-779549

E-mail：chiaowen.j.kuo@gmail.com

雙語教育策略指標系統
──模糊德懷術問卷調查

敬愛的○校長○○，您好：

　　謝謝您撥冗擔任本書模糊德懷術專家成員，本問卷旨在建構雙語教育策略指標，請就您的專業知識與實際見解，審視問卷各項指標的重要程度。本問卷僅做學術研究之用，您的意見非常寶貴，對本書指標建構極為重要，完成問卷填答後，再請您於 112 年 1 月 16 日（一）前，以內附回郵信封擲回。謝謝教授的協助與指導。
敬頌
　　道祺

國立暨南國際大學　教育政策與行政學系

指導教授：蔡金田教授

博士候選人：郭喬雯

敬上

壹、名詞釋義

一、雙語教育

　　本書所謂雙語教育，係指在課堂上使用英語為目標語言來進行中文學科的教導。語言在雙語教育上扮演教師與學生在課堂上溝通的角色，亦是教學的媒介。教育過程中以中文及英文兩種語言來實行，其實施層面涵括行政管理、課程教學、教學環境、學生學習、家長參與及社區融入等面向。

二、指標建構

　　本書以雙語教育為主題，採用「層面－向度－指標」由上而下演繹模式指標建構模式，先尋找雙語教育策略的主要領域，再到指標項目的選擇，逐步形成階層結構，藉由選取的指標構成完整的指標構面，逐步形成雙語教育策略之指標。

貳、填寫說明

一、指標架構

　　本書依國內外文獻整理與分析，建構「層面－向度－指標」等三層面指標系統，指標架構圖如下所示。

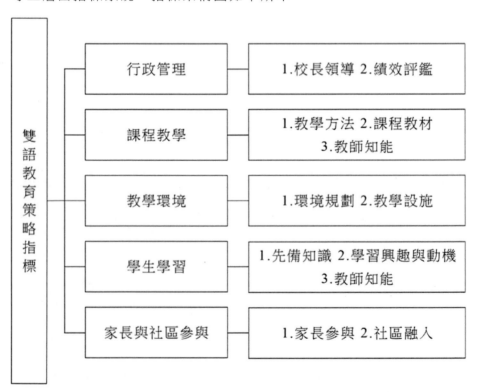

雙語教育策略指標	行政管理	1.校長領導 2.績效評鑑
	課程教學	1.教學方法 2.課程教材 3.教師知能
	教學環境	1.環境規劃 2.教學設施
	學生學習	1.先備知識 2.學習興趣與動機 3.教師知能
	家長與社區參與	1.家長參與 2.社區融入

二、指標系統

指標架構顯示本書包含五個層面、十二個向度,其中「行政管理」層面有十個指標;「課程教學」層面有十五個指標;「教學環境」層面八個指標;「學生學習」層面有十三個指標;「家長與社區參與」層面有八個指標,合計有五十四項指標。

三、填答範例

本書是以模糊量表進行調查,請您針對每一個評定項目填寫重要性,由低到高在量尺上畫出該評定項目重要性的可能範圍,並**勾選您認為最可能之重要性程度**。

1. 請畫圈在您認為可能的重要性範圍區間作上記號。

2. 在此範圍內,請勾選您所認為最可能的重要性程度。若您沒有勾選,將視為最可能的重要性程度為重要性範圍區間的中間值。

◎填答範例:

例如您認為下列評定項目「人才培育」的重要性程度在.2 至.6之間,而其中以.4 的重要程度可能性最高,則圖示如下:

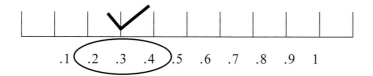

【問卷內容】

層面一：行政管理

指標內容		重要程度
層面	1. 行政管理	.1　.2　.3　.4　.5　.6　.7　.8　.9　1
向度	1-1 校長領導	.1　.2　.3　.4　.5　.6　.7　.8　.9　1
指標	1-1-1 能凝聚共識，重新盤點資源，研擬出適合的雙語教育計畫。	.1　.2　.3　.4　.5　.6　.7　.8　.9　1
	1-1-2 能聘任使用雙語進行溝通的教職員。	.1　.2　.3　.4　.5　.6　.7　.8　.9　1
	1-1-3 能帶起學校成員正向的溝通氣氛。	.1　.2　.3　.4　.5　.6　.7　.8　.9　1
	1-1-4 能帶領行政部門對雙語教育設立共同的願景和目標。	.1　.2　.3　.4　.5　.6　.7　.8　.9　1
	1-1-5 能以身作則使用雙語，建置校內良好的雙語典範。	.1　.2　.3　.4　.5　.6　.7　.8　.9　1
向度	1-2 績效評鑑	.1　.2　.3　.4　.5　.6　.7　.8　.9　1
指標	1-2-1 各校雙語計畫須持續調整與修正，逐步找到合適的雙語政策定位。	.1　.2　.3　.4　.5　.6　.7　.8　.9　1
	1-2-2 針對各校不同的雙語推動政策，須有一套自我檢核的評鑑方式。	.1　.2　.3　.4　.5　.6　.7　.8　.9　1

指標內容		重要程度
	1-2-3 能具備雙語師資與課程審查及檢核機制。	.1　.2　.3　.4　.5　.6　.7　.8　.9　1
	1-2-4 能符合在地文化的需求。	.1　.2　.3　.4　.5　.6　.7　.8　.9　1
	1-2-5 能含括師資、軟硬體設備、課程、行政等多方面之績效衡量構面。	.1　.2　.3　.4　.5　.6　.7　.8　.9　1
綜合意見：		

層面二：課程教學

指標內容		重要程度
層面	2. 課程教學	.1　.2　.3　.4　.5　.6　.7　.8　.9　1
向度	2-1 教學方法	.1　.2　.3　.4　.5　.6　.7　.8　.9　1
指標	2-1-1 能結合中文和英文來整合雙語學習。	.1　.2　.3　.4　.5　.6　.7　.8　.9　1
	2-1-2 能建構領域螺旋式鷹架。	.1　.2　.3　.4　.5　.6　.7　.8　.9　1
	2-1-3 需要教學者和學習者之間的互動。	.1　.2　.3　.4　.5　.6　.7　.8　.9　1

指標內容	重要程度
2-1-4 能以能力分組、差異化教學、科技輔具等方法來提升雙語教學的實施。	.1 .2 .3 .4 .5 .6 .7 .8 .9 1
2-1-5 能由外師與本地教師進行協同教學、共同備課，達到互補、互利的成效。	.1 .2 .3 .4 .5 .6 .7 .8 .9 1
向度 2-2 課程教材	.1 .2 .3 .4 .5 .6 .7 .8 .9 1
2-2-1 能同時重視語言學習與認識他國文化。	.1 .2 .3 .4 .5 .6 .7 .8 .9 1
2-2-2 能依學生學習情況進行滾動式修正，彈性調整雙語課程。	.1 .2 .3 .4 .5 .6 .7 .8 .9 1
指標 2-2-3 能安排循序漸進的雙語學習內容。	.1 .2 .3 .4 .5 .6 .7 .8 .9 1
2-2-4 由外部專家編寫教材或平臺來進行雙語教學。	.1 .2 .3 .4 .5 .6 .7 .8 .9 1
2-2-5 應創研雙語校本教材。	.1 .2 .3 .4 .5 .6 .7 .8 .9 1
向度 2-3 教師知能	.1 .2 .3 .4 .5 .6 .7 .8 .9 1
指標 2-3-1 能透過研習、請教專業教師、上網蒐集資料來增加教師專業發展。	.1 .2 .3 .4 .5 .6 .7 .8 .9 1

指標內容		重要程度
	2-3-2 能組成雙語小組，進行共備討論。	.1　.2　.3　.4　.5　.6　.7　.8　.9　1
	2-3-3 校內自主的增能與培訓，來推動雙語教育。	.1　.2　.3　.4　.5　.6　.7　.8　.9　1
	2-3-4 能建置跨領域教師的緊密合作關係。	.1　.2　.3　.4　.5　.6　.7　.8　.9　1
	2-3-5 能由英語教師召集領域教師來組成教師專業社群，分享其經驗。	.1　.2　.3　.4　.5　.6　.7　.8　.9　1
綜合意見：		

層面三：教學環境

指標內容		重要程度
層面	3. 教學環境	.1　.2　.3　.4　.5　.6　.7　.8　.9　1
向度	3-1 環境規劃	.1　.2　.3　.4　.5　.6　.7　.8　.9　1
指標	3-1-1 能提供積極友善的雙語校園學習環境。	.1　.2　.3　.4　.5　.6　.7　.8　.9　1
	3-1-2 能重視真實語境下的應用，協助學生活化學習。	.1　.2　.3　.4　.5　.6　.7　.8　.9　1

	指標內容	重要程度
	3-1-3 能尊重學生群體的多元文化特質，創造多元的雙語學習環境。	.1 .2 .3 .4 .5 .6 .7 .8 .9 1
	3-1-4 能重視語用及學習落差，建構雙語環境。	.1 .2 .3 .4 .5 .6 .7 .8 .9 1
向度	3-2 教學設施	.1 .2 .3 .4 .5 .6 .7 .8 .9 1
指標	3-2-1 能善用數位科技工具來輔助雙語教學，打造不受時空限制的雙語學習環境。	.1 .2 .3 .4 .5 .6 .7 .8 .9 1
	3-2-2 能建置雙語情境教室，搭配觀看英語教學影片等多模式教學方式來增加雙語教學靈活度。	.1 .2 .3 .4 .5 .6 .7 .8 .9 1
	3-2-3 建置英聽廣播系統，提升學習者英語能力。	.1 .2 .3 .4 .5 .6 .7 .8 .9 1
	3-2-4 能發展課程平臺以協助雙語教育教學成效。	.1 .2 .3 .4 .5 .6 .7 .8 .9 1
綜合意見：		

層面四：學生學習

	指標內容	重要程度
層面	4. 學生學習	.1 .2 .3 .4 .5 .6 .7 .8 .9 1

	指標內容	重要程度
向度	4-1 先備知識	.1　.2　.3　.4　.5　.6　.7　.8　.9　1
指標	4-1-1 能將自己的文化與他人的文化作連結。	.1　.2　.3　.4　.5　.6　.7　.8　.9　1
	4-1-2 能促使母語在教育中扮演了輔佐的角色，協助語言及其文化能同時被保存。	.1　.2　.3　.4　.5　.6　.7　.8　.9　1
	4-1-3 能在於基礎語法結構上建立更深層次的知識的學習。	.1　.2　.3　.4　.5　.6　.7　.8　.9　1
	4-1-4 能將所習得的知識技能，應用於雙語課堂中，用英語表達情感、分享文化與生活經驗。	.1　.2　.3　.4　.5　.6　.7　.8　.9　1
向度	4-2 學習興趣與動機	.1　.2　.3　.4　.5　.6　.7　.8　.9　1
指標	4-2-1 能從有趣的學科內容及多元的課堂活動來激發學習動機。	.1　.2　.3　.4　.5　.6　.7　.8　.9　1
	4-2-2 能在學習過程中產生成就感。	.1　.2　.3　.4　.5　.6　.7　.8　.9　1
	4-2-3 允許學生在使用雙語時的語法或詞彙使用錯誤。	.1　.2　.3　.4　.5　.6　.7　.8　.9　1
	4-2-4 師生能以自然的方式來交流。	.1　.2　.3　.4　.5　.6　.7　.8　.9　1
向度	4-3 學習評量	.1　.2　.3　.4　.5　.6　.7　.8　.9　1

指標內容		重要程度
指標	4-3-1 教師能掌握學生進度並進行評估。	.1 .2 .3 .4 .5 .6 .7 .8 .9 1
	4-3-2 教師能給予學生關於學習上的回饋。	.1 .2 .3 .4 .5 .6 .7 .8 .9 1
	4-3-3 能具外部測驗的結果分析。	.1 .2 .3 .4 .5 .6 .7 .8 .9 1
	4-3-4 能檢核學生在實際情況中使用英文的能力。	.1 .2 .3 .4 .5 .6 .7 .8 .9 1
	4-3-5 能並重語言與學科內容兩項評量。	.1 .2 .3 .4 .5 .6 .7 .8 .9 1
綜合意見：		

層面五：家長與社區參與

指標內容		重要程度
層面	5. 家長與社區參與	.1 .2 .3 .4 .5 .6 .7 .8 .9 1
向度	5-1 家長參與	.1 .2 .3 .4 .5 .6 .7 .8 .9 1
指標	5-1-1 家長能參與、配合並具有共識推行雙語教育，以提高雙語教育的質與量。	.1 .2 .3 .4 .5 .6 .7 .8 .9 1

指標內容		重要程度
	5-1-2 家長參與成果發表活動，具雙語教育宣傳成效。	.1　.2　.3　.4　.5　.6　.7　.8　.9　1
	5-1-3 能支持學校辦理雙語教學的活動，且重視子女的英文學習。	.1　.2　.3　.4　.5　.6　.7　.8　.9　1
	5-1-4 廣納家長的意見及期待，找出最適合孩子的雙語學習方式。	.1　.2　.3　.4　.5　.6　.7　.8　.9　1
向度	5-2 社區融入	.1　.2　.3　.4　.5　.6　.7　.8　.9　1
指標	5-2-1 能考量臺灣在地文化，非僅一昧地移植他國的經驗。	.1　.2　.3　.4　.5　.6　.7　.8　.9　1
	5-2-2 能將雙語教育與在地融合互相搭配。	.1　.2　.3　.4　.5　.6　.7　.8　.9　1
	5-2-3 能建構出學校社區的配套措施與支持系統。	.1　.2　.3　.4　.5　.6　.7　.8　.9　1
	5-2-4 學校在發展雙語教育之時，應彰顯屬於自己社區的在地文化。	.1　.2　.3　.4　.5　.6　.7　.8　.9　1
綜合意見：		

~問卷結束，謝謝老師的協助~

附錄三 雙語教育策略指標系統
——相對權重問卷調查

國立暨南國際大學
NATIONAL CHI NAN UNIVERSITY
545 南投縣埔里鎮大學路 1 號
No. 1, Daxue Rd., Puli Township, Nantou County, Taiwan (R.O.C.)
TEL: 886-49-2910960 ext 2996

教授　道鑑：久仰淵博碩望，敬維

公私迪吉，諸事順遂，為祝為頌。

　　誠摯感謝您於百忙之中，惠允擔任弟指導之博士生郭喬雯同學論文研究問卷專家，同時感謝您協助填答第一階段重要性評估問卷。第二階段問卷係以模糊統計分析後的指標再進行層級分析法（Analytic Hierarchy Process, AHP）問卷調查。您的專業觀點與建議對指標建構將有極大助益，懇祈惠賜卓見。

　　本次為「國民中小學雙語教育策略指標建構之研究」第二階段問卷，電子檔亦傳送至您的郵件信箱「　　　　」。問卷填寫結果僅供學術研究之用，個人填寫之內容不會對外公開，敬請安心填答。您的意見與建議將提升本書之學術與實用價值，感謝您撥冗填寫，同時懇請您填寫完畢後，將本次問卷於 112 年 3 月 24 日（五）前寄回，寄回方式可透過內附回郵信封，或逕以 email 方式回傳至 chiaowen.j.kuo@gmail.com，衷心感謝。耑此　敬祝

　　　　時祺

弟　國立暨南國際大學教育政策與行政學系 蔡金田 敬上

中華民國 112 年 3 月 1 日

博士生：郭喬雯

連絡電話：0958-779549

E-mail：chiaowen.j.kuo@gmail.com

雙語教育策略指標系統
——相對權重問卷調查

敬愛的○教授○○，您好：

　　謝謝您同意擔任本書德懷術專家成員，本問卷係依第一次模糊德懷術問卷結果分析後編製而成，問卷內容將呈現您前次填答情形，以及專家成員整體分析結果，提供您本次填答的參考。您填答的內容僅作學術研究之用，請您放心。感謝您對本書提供寶貴的意見，再請您於 112 年 3 月 25 日（六）前，以內附回郵信封或電子郵件方式寄回。謝謝教授的協助與指導。

敬頌

　　道祺

國立暨南國際大學　教育政策與行政學系

指導教授：蔡金田教授

研究生：郭喬雯

敬上

電子郵件信箱：chiaowe.j.kuo@gmail.com

【填答說明】

一、層級分析法（Analytic Hierarchy Process, AHP）填答

（一）本書為建構指標相對權重體系，應用層級分析法的理論，透過指標之間的兩兩比較取得權重值。

（二）填答時需留意同一向度內的指標具備邏輯一致性的條件，意即填答結果應符合「A＞B，B＞C，則 A＞C」

的邏輯，如填答結果違反此一邏輯一致性的假設，將導致填答內容無效。因此，煩請專家學者於填答之前，先按各項指標重要程度順序排列，以提高勾選時的一致性。

（三）本問卷採用評估尺度等級進行衡量，如填答範例所示，如您認為「1.行政管理」的重要性大於「2.課程教學」，而重要程度是屬於頗為重要（重要性比例 5:1），則在頗為重要（5:1）下方空格處打 V。而如您認為「1.行政管理」的重要性小於「3.教學環境」，而重要程度是屬於極為重要（重要性比例 1:7），則在右邊指標欄位下的極為重要（1:7）下方空格處打 V。

【填答範例】

一、雙語教育策略各層面相對重要程度

（一）各層面重要程度排序

本書之層面包含：1. 行政管理、2. 課程教學、3. 教學環境、4. 學生學習、5. 家長與社區參與，您認為重要程度排序為何？請填入編號即可。

層面	重要性排序（填入編號即可）
1.行政管理	
2.課程教學	
3.教學環境	$(3) \geq (4) \geq (1) \geq (2) \geq (5)$
4.學生學習	
5.家長與社區參與	

（二）各層面之相對權重

　　請您分別評定各層面兩兩比較之下的相對重要程度，並於欄內打 V。

層面	絕對重要 9:1	8:1	極為重要 7:1	6:1	頗為重要 5:1	4:1	稍微重要 3:1	2:1	同等重要 1:1	1:2	稍微重要 1:3	1:4	頗為重要 1:5	1:6	極為重要 1:7	1:8	絕對重要 1:9	層面
1.行政管理					V													2.課程教學
1.行政管理															V			3.教學環境
1.行政管理													V					4.學生學習
1.行政管理			V															5.家長與社區參與
2.課程教學																	V	3.教學環境
2.課程教學											V							4.學生學習
2.課程教學						V												5.家長與社區參與
3.教學環境		V																4.學生學習
3.教學環境			V															5.家長與社區參與
4.學生學習					V													5.家長與社區參與

【問卷內容】

一、雙語教育策略各層面相對重要程度

（一）各層面重要程度排序

　　本書之層面包含：1. 行政管理、2. 課程教學、3. 教學環境、4. 學生學習、5. 家長與社區參與，您認為重要程度排序為何？請填入編號即可。

層面	重要性排序（填入編號即可）
1.行政管理	
2.課程教學	
3.教學環境	（　　）≧（　　）≧（　　）≧（　　）≧（　　）
4.學生學習	
5.家長與社區參與	

（二）各層面之相對權重

　　請您分別評定各層面兩兩比較之下的相對重要程度，並於欄內打 V。

層面	左邊指標重要性大於右邊指標				指標	右邊指標重要性大於左邊指標				層面
	程度									
	絕對重要	極為重要	頗為重要	稍微重要	同等重要	稍微重要	頗為重要	極為重要	絕對重要	
	9:1	8:1	7:1	6:1	5:1	4:1	3:1	2:1	1:1	1:2	1:3	1:4	1:5	1:6	1:7	1:8	1:9	
1.行政管理																		2.課程教學
1.行政管理																		3.教學環境
1.行政管理																		4.學生學習
1.行政管理																		5.家長與社區參與
2.課程教學																		3.教學環境
2.課程教學																		4.學生學習

2.課程教學										5.家長與社區參與
3.教學環境										4.學生學習
3.教學環境										5.家長與社區參與
4.學生學習										5.家長與社區參與

二、雙語教育策略各向度相對重要程度

（一）「行政管理」層面下之向度

1.「行政管理」層面下各向度重要程度排序

「行政管理」層面下包含：1-1 校長領導、1-2 績效評鑑等二個向度，您認為重要程度排序為何？請填入編號即可。

向度	重要性排序（填入編號即可）
1-1 校長領導	（　　　）≧（　　　）
1-2 績效評鑑	

2.「行政管理」層面下各向度之相對權重

請您分別評定各層面兩兩比較之下的相對重要程度，並於欄內打 V。

層面	左邊指標重要性大於右邊指標				指標		右邊指標重要性大於左邊指標				層面
	程度										
	絕對重要	極為重要	頗為重要	稍微重要	同等重要	稍微重要	頗為重要	極為重要	絕對重要		
	9:1	8:1	7:1	6:1	5:1	4:1	3:1	2:1	1:1	1:2	1:3	1:4	1:5	1:6	1:7	1:8	1:9	
1-1 校長領導																		1-2 績效評鑑

（二）「課程教學」層面下之向度

1.「課程教學」層面下各向度重要程度排序

「課程教學」層面下包含：2-1 教學方法、2-2 課程教材、2-3 教師知能等三個向度，您認為重要程度排序為何？請填入編號即可。

向度	重要性排序（填入編號即可）
2-1 教學方法	
2-2 課程教材	（　　）≧（　　）≧（　　）
2-3 教師知能	

2.「課程教學」層面下各向度之相對權重

請您分別評定各層面兩兩比較之下的相對重要程度，並於欄內打 V。

層面	左邊指標重要性大於右邊指標				指標	右邊指標重要性大於左邊指標				層面
	程度									
	絕對重要	極為重要	頗為重要	稍微重要	同等重要	稍微重要	頗為重要	極為重要	絕對重要	
	9:1 8:1	7:1 6:1	5:1 4:1	3:1 2:1	1:1 1:2	1:3 1:4	1:5 1:6	1:7 1:8	1:9	
2-1 教學方法										2-2 課程教材
2-1 教學方法										2-3 教師知能
2-2 課程教材										2-3 教師知能

（三）「教學環境」層面下之向度

1.「教學環境」層面下各向度重要程度排序

「教學環境」層面下包含：3-1 環境規劃、3-2 教學設施等二個向度，您認為重要程度排序為何？請填入編號即可。

向度	重要性排序（填入編號即可）
3-1 環境規劃	（　　）≧（　　）
3-2 教學設施	

2.「教學環境」層面下各向度之相對權重

請您分別評定各層面兩兩比較之下的相對重要程度，並於欄內打 V。

層面	左邊指標重要性大於右邊指標				指標	右邊指標重要性大於左邊指標				層面
	程度									
	絕對重要	極為重要	頗為重要	稍微重要	同等重要	稍微重要	頗為重要	極為重要	絕對重要	
	9:1	8:1	7:1	6:1	5:1	4:1	3:1	2:1	1:1	1:2	1:3	1:4	1:5	1:6	1:7	1:8	1:9	
3-1 環境規劃										3-2 教學設施

（四）「學生學習」層面下之向度

1.「學生學習」層面下各向度重要程度排序

「學生學習」層面下包含：4-1 先備知識、4-2 學習興趣與動機、4-3 學習評量等三個向度，您認為重要程度排序為何？請填入編號即可。

向度	重要性排序（填入編號即可）
4-1 先備知識	（　　）≧（　　）≧（　　）
4-2 學習興趣與動機	
4-3 學習評量	

2.「學生學習」層面下各向度之相對權重

請您分別評定各層面兩兩比較之下的相對重要程度，並於欄內打 V。

層面	左邊指標重要性大於右邊指標								指標						右邊指標重要性大於左邊指標			層面
	程度																	
	絕對重要	極為重要	頗為重要	稍微重要				同等重要			稍微重要		頗為重要		極為重要		絕對重要	
	9:1	8:1	7:1	6:1	5:1	4:1	3:1	2:1	1:1	1:2	1:3	1:4	1:5	1:6	1:7	1:8	1:9	
4-1 先備知識																		4-2 學習興趣與動機
4-1 先備知識																		4-3 學習評量
4-2 學習興趣與動機																		4-3 學習評量

（五）「家長與社區參與」層面下之向度

1.「家長與社區參與」層面下各向度重要程度排序

「家長與社區參與」層面下包含：5-1 家長參與、5-2 社區融入等二個向度，您認為重要程度排序為何？請填入編號即可。

向度	重要性排序（填入編號即可）
5-1 家長參與	（ ）≧（ ）
5-2 社區融入	

2.「家長與社區參與」層面下各向度之相對權重

請您分別評定各層面兩兩比較之下的相對重要程度，並於欄內打 V。

層面	左邊指標重要性大於右邊指標									指標程度	右邊指標重要性大於左邊指標									層面
	絕對重要		極為重要		頗為重要		稍微重要		同等重要		稍微重要		頗為重要		極為重要		絕對重要			
	9:1	8:1	7:1	6:1	5:1	4:1	3:1	2:1	1:1	1:2	1:3	1:4	1:5	1:6	1:7	1:8	1:9		
5-1 家長參與																			5-2 社區融入

三、雙語教育政策各指標相對重要程度

（一）向度「1-1 校長領導」各指標相對重要程度

1.向度「1-1 校長領導」各指標重要程度排序，您認為重要程度排序為何？請填入編號即可。

向度	重要性排序（填入編號即可）
1-1-1 能凝聚共識，重新盤點資源，研擬出適合的雙語教育計畫。	
1-1-2 能聘任使用雙語進行溝通的教職員。	
1-1-3 能帶起學校成員正向的溝通氣氛。	（　）≧（　）≧（　）≧（　）≧（　）
1-1-4 能帶領行政部門對雙語教育設立共同的願景和目標。	
1-1-5 能以身作則使用雙語，建置校內良好的雙語典範。	

2.向度「1-1校長領導」各指標之相對權重

請您分別評定各層面兩兩比較之下的相對重要程度,並於欄內打 V。

層面	左邊指標重要性大於右邊指標								指標		右邊指標重要性大於左邊指標								層面
	程度																		
	絕對重要		極為重要		頗為重要		稍微重要		同等重要		稍微重要		頗為重要		極為重要		絕對重要		
	9:1	8:1	7:1	6:1	5:1	4:1	3:1	2:1	1:1	1:2	1:3	1:4	1:5	1:6	1:7	1:8	1:9	
1-1-1 能凝聚共識,重新盤點資源,研擬出適合的雙語教育計畫。																		1-1-2 能聘任使用雙語進行溝通的教職員。
1-1-1 能凝聚共識,重新盤點資源,研擬出適合的雙語教育計畫。																		1-1-3 能帶起學校成員正向的溝通氣氛。
1-1-1 能凝聚共識,重新盤點資源,研擬出適合的雙語教育計畫。																		1-1-4 能帶領行政部門對雙語教育設立共同的願景和目標。
1-1-1 能凝聚共識,重新盤點資源,研擬出適合的雙語教育計畫。																		1-1-5 能以身作則使用雙語,建置校內良好的雙語典範。
1-1-2 能聘任使用雙語進行溝通的教職員。																		1-1-3 能帶起學校成員正向的溝通氣氛。
1-1-2 能聘任使用雙語進行溝通的教職員。																		1-1-4 能帶領行政部門對雙語教育設立共同的願景和目標。

1-1-2 能聘任使用雙語進行溝通的教職員。											1-1-5 能以身作則使用雙語，建置校內良好的雙語典範。
1-1-3 能帶起學校成員正向的溝通氣氛。											1-1-4 能帶領行政部門對雙語教育設立共同的願景和目標。
1-1-3 能帶起學校成員正向的溝通氣氛。											1-1-5 能以身作則使用雙語，建置校內良好的雙語典範。
1-1-4 能帶領行政部門對雙語教育設立共同的願景和目標。											1-1-5 能以身作則使用雙語，建置校內良好的雙語典範。

（二）向度「1-2 績效評鑑」各指標相對重要程度

1.向度「1-2 績效評鑑」各指標重要程度排序，您認為重要程度排序為何？請填入編號即可。

向度	重要性排序（填入編號即可）
1-2-1 各校雙語計畫須持續調整與修正，逐步找到合適的雙語政策定位。	
1-2-2 針對各校不同的雙語推動政策，須有一套自我檢核的評鑑方式。	（　　）≧（　　）≧（　　）≧（　　）≧（　　）
1-2-3 能具備雙語師資與課程審查及檢核機制。	

向度	重要性排序（填入編號即可）
1-2-4 能符合在地文化的需求。	
1-2-5 能含括師資、軟硬體設備、課程、行政等多方面之績效衡量構面。	

2.向度「1-2 績效評鑑」各指標之相對權重

　　請您分別評定各層面兩兩比較之下的相對重要程度，並於欄內打 V。

層面	左邊指標重要性大於右邊指標				指標	右邊指標重要性大於左邊指標				層面
	程度									
	絕對重要	極為重要	頗為重要	稍微重要	同等重要	稍微重要	頗為重要	極為重要	絕對重要	
	9:1	8:1	7:1	6:1	5:1	4:1	3:1	2:1	1:1	1:2	1:3	1:4	1:5	1:6	1:7	1:8	1:9	
1-2-1 各校雙語計畫須持續調整與修正，逐步找到合適的雙語政策定位。										1-2-2 針對各校不同的雙語推動政策，須有一套自我檢核的評鑑方式。
1-2-1 各校雙語計畫須持續調整與修正，逐步找到合適的雙語政策定位。										1-2-3 能具備雙語師資與課程審查及檢核機制。
1-2-1 各校雙語計畫須持續調整與修正，逐步找到合適的雙語政策定位。										1-2-4 能符合在地文化的需求。

1-2-1 各校雙語計畫須持續調整與修正，逐步找到合適的雙語政策定位。																1-2-5 能含括師資、軟硬體設備、課程、行政等多方面之績效衡量構面。
1-2-2 針對各校不同的雙語推動政策，須有一套自我檢核的評鑑方式。																1-2-3 能具備雙語師資與課程審查及檢核機制。
1-2-2 針對各校不同的雙語推動政策，須有一套自我檢核的評鑑方式。																1-2-4 能符合在地文化的需求。
1-2-2 針對各校不同的雙語推動政策，須有一套自我檢核的評鑑方式。																1-2-5 能含括師資、軟硬體設備、課程、行政等多方面之績效衡量構面。
1-2-3 能具備雙語師資與課程審查及檢核機制。																1-2-4 能符合在地文化的需求。
1-2-3 能具備雙語師資與課程審查及檢核機制。																1-2-5 能含括師資、軟硬體設備、課程、行政等多方面之績效衡量構面。
1-2-4 能符合在地文化的需求。																1-2-5 能含括師資、軟硬體設備、課程、行政等多方面之績效衡量構面。

（三）向度「2-1 教學方法」各指標相對重要程度

1.向度「2-1 教學方法」各指標重要程度排序，您認為重要程度排序為何？請填入編號即可。

向度	重要性排序（填入編號即可）
2-1-1 能結合中文和英文來整合雙語學習。	
2-1-2 能建構領域螺旋式鷹架。	
2-1-3 需要教學者和學習者之間的互動。	
2-1-4 能以能力分組、差異化教學、科技輔具等方法來提升雙語教學的實施。	（　）≧（　）≧（　）≧（　）≧（　）
2-1-5 能由外師與本地教師進行協同教學、共同備課，達到互補、互利的成效。	

2.向度「2-1 教學方法」各指標之相對權重

請您分別評定各層面兩兩比較之下的相對重要程度，並於欄內打 V。

層面	左邊指標重要性大於右邊指標								指標	右邊指標重要性大於左邊指標								層面
	程度																	
	絕對重要	極為重要	頗為重要	稍微重要					同等重要				稍微重要	頗為重要	極為重要	絕對重要		
	9:1	8:1	7:1	6:1	5:1	4:1	3:1	2:1	1:1	1:2	1:3	1:4	1:5	1:6	1:7	1:8	1:9	
2-1-1 能結合中文和英文來整合雙語學習。																		2-1-2 能建構領域螺旋式鷹架。
2-1-1 能結合中文和英文來整合雙語學習。																		2-1-3 需要教學者和學習者之間的互動。
2-1-1 能結合中文和英文來整合雙語學習。																		2-1-4 能以能力分組、差異化教學、科技輔具等方法來提升雙語教學的實施。
2-1-1 能結合中文和英文來整合雙語學習。																		2-1-5 能由外師與本地教師進行協同教學、共同備課，達到互補、互利的成效。
2-1-2 能建構領域螺旋式鷹架。																		2-1-3 需要教學者和學習者之間的互動。

2-1-2 能建構領域螺旋式鷹架。														2-1-4 能以能力分組、差異化教學、科技輔具等方法來提升雙語教學的實施。
2-1-2 能建構領域螺旋式鷹架。														2-1-5 能由外師與本地教師進行協同教學、共同備課,達到互補、互利的成效。
2-1-3 需要教學者和學習者之間的互動。														2-1-4 能以能力分組、差異化教學、科技輔具等方法來提升雙語教學的實施。
2-1-3 需要教學者和學習者之間的互動。														2-1-5 能由外師與本地教師進行協同教學、共同備課,達到互補、互利的成效。
2-1-4 能以能力分組、差異化教學、科技輔具等方法來提升雙語教學的實施。														2-1-5 能由外師與本地教師進行協同教學、共同備課,達到互補、互利的成效。

（四）向度「2-2 課程教材」各指標相對重要程度

1.向度「2-2 課程教材」各指標重要程度排序，您認為重要程度排序為何？請填入編號即可。

向度	重要性排序（填入編號即可）
2-2-1 能同時重視語言學習與認識他國文化。	
2-2-2 能依學生學習情況進行滾動式修正，彈性調整雙語課程。	
2-2-3 能安排循序漸進的雙語學習內容。	（　）≧（　）≧（　）≧（　）≧（　）
2-2-4 由外部專家編寫教材或平臺來進行雙語教學。	
2-2-5 應創研雙語校本教材。	

2.向度「2-2 課程教材」各指標之相對權重

請您分別評定各層面兩兩比較之下的相對重要程度，並於欄內打 V。

層面	左邊指標重要性大於右邊指標				指標	右邊指標重要性大於左邊指標				層面
	程度									
	絕對重要	極為重要	頗為重要	稍微重要	同等重要	稍微重要	頗為重要	極為重要	絕對重要	
	9:1	8:1	7:1	6:1	5:1	4:1	3:1	2:1	1:1	1:2	1:3	1:4	1:5	1:6	1:7	1:8	1:9	
2-2-1 能同時重視語言學習與認識他國文化。																		2-2-2 能依學生學習情況進行滾動式修正，彈性調整雙語課程。

2-2-1 能同時重視語言學習與認識他國文化。														2-2-3 能安排循序漸進的雙語學習內容。
2-2-1 能同時重視語言學習與認識他國文化。														2-2-4 由外部專家編寫教材或平臺來進行雙語教學。
2-2-1 能同時重視語言學習與認識他國文化。														2-2-5 應創研雙語校本教材。
2-2-2 能依學生學習情況進行滾動式修正，彈性調整雙語課程。														2-2-3 能安排循序漸進的雙語學習內容。
2-2-2 能依學生學習情況進行滾動式修正，彈性調整雙語課程。														2-2-4 由外部專家編寫教材或平臺來進行雙語教學。
2-2-2 能依學生學習情況進行滾動式修正，彈性調整雙語課程。														2-2-5 應創研雙語校本教材。
2-2-3 能安排循序漸進的雙語學習內容。														2-2-4 由外部專家編寫教材或平臺來進行雙語教學。

2-2-3 能安排循序漸進的雙語學習內容。												2-2-5 應創研雙語校本教材。
2-2-4 由外部專家編寫教材或平臺來進行雙語教學。												2-2-5 應創研雙語校本教材。

（五）向度「2-3 教師知能」各指標相對重要程度

　　1.向度「2-3 教師知能」各指標重要程度排序，您認為重要程度排序為何？請填入編號即可。

向度	重要性排序（填入編號即可）
2-3-1 能透過研習、請教專業教師、上網蒐集資料來增加教師專業發展。	
2-3-2 能組成雙語小組，進行共備討論。	
2-3-3 校內自主的增能與培訓，來推動雙語教育。	（　）≧（　）≧（　）≧（　）≧（　）
2-3-4 能建置跨領域教師的緊密合作關係。	
2-3-5 能由英語教師召集領域教師來組成教師專業社群，分享其經驗。	

2.向度「2-3 教師知能」各指標之相對權重

請您分別評定各層面兩兩比較之下的相對重要程度，並於欄內打 V。

層面	左邊指標重要性大於右邊指標				指標					右邊指標重要性大於左邊指標				層面
	程度													
	絕對重要	極為重要	頗為重要	稍微重要	同等重要		稍微重要		頗為重要		極為重要		絕對重要	
	9:1	8:1	7:1	6:1	5:1	4:1	3:1	2:1	1:1	1:2	1:3	1:4	1:5	1:6	1:7	1:8	1:9	
2-3-1 能透過研習、請教專業教師、上網蒐集資料來增加教師專業發展。																		2-3-2 能組成雙語小組，進行共備討論。
2-3-1 能透過研習、請教專業教師、上網蒐集資料來增加教師專業發展。																		2-3-3 校內自主的增能與培訓，來推動雙語教育。
2-3-1 能透過研習、請教專業教師、上網蒐集資料來增加教師專業發展。																		2-3-4 能建置跨領域教師的緊密合作關係。
2-3-1 能透過研習、請教專業教師、上網蒐集資料來增加教師專業發展。																		2-3-5 能由英語教師召集領域教師來組成教師專業社群，分享其經驗。

2-3-2 能組成雙語小組，進行共備討論。													2-3-3 校內自主的增能與培訓，來推動雙語教育。
2-3-2 能組成雙語小組，進行共備討論。													2-3-4 能建置跨領域教師的緊密合作關係。
2-3-2 能組成雙語小組，進行共備討論。													2-3-5 能由英語教師召集領域教師來組成教師專業社群，分享其經驗。
2-3-3 校內自主的增能與培訓，來推動雙語教育。													2-3-4 能建置跨領域教師的緊密合作關係。
2-3-3 校內自主的增能與培訓，來推動雙語教育。													2-3-5 能由英語教師召集領域教師來組成教師專業社群，分享其經驗。
2-3-4 能建置跨領域教師的緊密合作關係。													2-3-5 能由英語教師召集領域教師來組成教師專業社群，分享其經驗。

（六）向度「3-1 環境規劃」各指標相對重要程度

1.向度「3-1 環境規劃」各指標重要程度排序，您認為重要程度排序為何？請填入編號即可。

向度	重要性排序（填入編號即可）
3-1-1 能提供積極友善的雙語校園學習環境。	（　　）≧（　　）≧（　　）≧（　　）

向度	重要性排序（填入編號即可）
3-1-2 能重視真實語境下的應用，協助學生活化學習。	
3-1-3 能尊重學生群體的多元文化特質，創造多元的雙語學習環境。	
3-1-4 能重視語用及學習落差，建構雙語環境。	

2.向度「3-1 環境規劃」各指標之相對權重

請您分別評定各層面兩兩比較之下的相對重要程度，並於欄內打 V。

層面	左邊指標重要性大於右邊指標					指標	右邊指標重要性大於左邊指標				層面
	程度										
	絕對重要	極為重要	頗為重要	稍微重要	同等重要	稍微重要	頗為重要	極為重要	絕對重要		
	9:1 8:1	7:1 6:1	5:1 4:1	3:1 2:1	1:1 1:2	1:3 1:4	1:5 1:6	1:7 1:8	1:9		
3-1-1 能提供積極友善的雙語校園學習環境。											3-1-2 能重視真實語境下的應用，協助學生活化學習。
3-1-1 能提供積極友善的雙語校園學習環境。											3-1-3 能尊重學生群體的多元文化特質，創造多元的雙語學習環境。

3-1-1 能提供積極友善的雙語校園學習環境。												3-1-4 能重視語用及學習落差，建構雙語環境。
3-1-2 能重視真實語境下的應用，協助學生活化學習。												3-1-3 能尊重學生群體的多元文化特質，創造多元的雙語學習環境。
3-1-2 能重視真實語境下的應用，協助學生活化學習。												3-1-4 能重視語用及學習落差，建構雙語環境。
3-1-3 能尊重學生群體的多元文化特質，創造多元的雙語學習環境。												3-1-4 能重視語用及學習落差，建構雙語環境。

（七）向度「3-2 教學設施」各指標相對重要程度

1.向度「3-2 教學設施」各指標重要程度排序，您認為重要程度排序為何？請填入編號即可。

向度	重要性排序（填入編號即可）
3-2-1 能善用數位科技工具來輔助雙語教學，打造不受時空限制的雙語學習環境。	（　　）≧（　　）≧（　　）≧（　　）
3-2-2 能建置雙語情境教室，搭配觀看英語教學影片等多模式教學方式來增加雙語教學靈活度。	

向度	重要性排序（填入編號即可）
3-2-3 建置英聽廣播系統，提升學習者英語能力。	
3-2-4 能發展課程平臺以協助雙語教育教學成效。	

2.向度「3-2 教學設施」各指標之相對權重

請您分別評定各層面兩兩比較之下的相對重要程度，並於欄內打 V。

層面	左邊指標重要性大於右邊指標								指標	右邊指標重要性大於左邊指標								層面
	程度																	
	絕對重要	極為重要	頗為重要	稍微重要					同等重要				稍微重要	頗為重要	極為重要	絕對重要		
	9:1	8:1	7:1	6:1	5:1	4:1	3:1	2:1	1:1	1:2	1:3	1:4	1:5	1:6	1:7	1:8	1:9	
3-2-1 能善用數位科技工具來輔助雙語教學，打造不受時空限制的雙語學習環境。																		3-2-2 能建置雙語情境教室，搭配觀看英語教學影片等多模式教學方式來增加雙語教學靈活度。
3-2-1 能善用數位科技工具來輔助雙語教學，打造不受時空限制的雙語學習環境。																		3-2-3 建置英聽廣播系統，提升學習者英語能力。
3-2-1 能善用數位科技工具來輔助雙語教學，打造不受時																		3-2-4 能發展課程平臺以協助雙語教育教學成效。

空限制的雙語學習環境。											
3-2-2 能建置雙語情境教室，搭配觀看英語教學影片等多模式教學方式來增加雙語教學靈活度。											3-2-3 建置英聽廣播系統，提升學習者英語能力。
3-2-2 能建置雙語情境教室，搭配觀看英語教學影片等多模式教學方式來增加雙語教學靈活度。											3-2-4 能發展課程平臺以協助雙語教育教學成效。
3-2-3 建置英聽廣播系統，提升學習者英語能力。											3-2-4 能發展課程平臺以協助雙語教育教學成效。

（八）向度「4-1 學生學習」各指標相對重要程度

　　1.向度「4-1 學生學習」各指標重要程度排序，您認為重要程度排序為何？請填入編號即可。

向度	重要性排序（填入編號即可）
4-1-1 能將自己的文化與他人的文化作連結。	
4-1-2 能促使母語在教育中扮演輔佐的角色，協助語言及其文化能同時被保存。	（　　）≧（　　）≧（　　）≧（　　）

向度	重要性排序（填入編號即可）
4-1-3 能在於基礎語法結構上建立更深層次的知識的學習。	
4-1-4 能將所習得的知識技能，應用於雙語課堂中，用英語表達情感、分享文化與生活經驗。	

2.向度「4-1 學生學習」各指標之相對權重

請您分別評定各層面兩兩比較之下的相對重要程度，並於欄內打 V。

層面	左邊指標重要性大於右邊指標				指標				右邊指標重要性大於左邊指標				層面
	程度												
	絕對重要	極為重要	頗為重要	稍微重要	同等重要		稍微重要	頗為重要	極為重要	絕對重要			
	9:1	8:1	7:1	6:1	5:1	4:1	3:1	2:1	1:1	1:2	1:3	1:4	1:5	1:6	1:7	1:8	1:9	
4-1-1 能將自己的文化與他人的文化作連結。																		4-1-2 能促使母語在教育中扮演輔佐的角色，協助語言及其文化能同時被保存。
4-1-1 能將自己的文化與他人的文化作連結。																		4-1-3 能在於基礎語法結構上建立更深層次的知識的學習。

4-1-1 能將自己的文化與他人的文化作連結。														4-1-4 能將所習得的知識技能，應用於雙語課堂中，用英語表達情感、分享文化與生活經驗。
4-1-2 能促使母語在教育中扮演輔佐的角色，協助語言及其文化能同時被保存。														4-1-3 能在於基礎語法結構上建立更深層次的知識的學習。
4-1-2 能促使母語在教育中扮演輔佐的角色，協助語言及其文化能同時被保存。														4-1-4 能將所習得的知識技能，應用於雙語課堂中，用英語表達情感、分享文化與生活經驗。
4-1-3 能在於基礎語法結構上建立更深層次的知識的學習。														4-1-4 能將所習得的知識技能，應用於雙語課堂中，用英語表達情感、分享文化與生活經驗。

（九）向度「4-2 學習興趣與動機」各指標相對重要程度

1.向度「4-2 學習興趣與動機」各指標重要程度排序，您認為重要程度排序為何？請填入編號即可。

向度	重要性排序（填入編號即可）
4-2-1 能從有趣的學科內容及多元的課堂活動來激發學習動機。	
4-2-2 能在學習過程中產生成就感。	（　　）≧（　　）≧（　　）≧（　　）
4-2-3 允許學生在使用雙語時的語法或詞彙使用錯誤。	
4-2-4 師生能以自然的方式來交流。	

2.向度「4-2 學習興趣與動機」各指標之相對權重

請您分別評定各層面兩兩比較之下的相對重要程度，並於欄內打 V。

層面	左邊指標重要性大於右邊指標								指標	右邊指標重要性大於左邊指標								層面
	程度																	
	絕對重要	極為重要	頗為重要	稍微重要	同等重要	稍微重要	頗為重要	極為重要	絕對重要									
	9:1	8:1	7:1	6:1	5:1	4:1	3:1	2:1	1:1	1:2	1:3	1:4	1:5	1:6	1:7	1:8	1:9	
4-2-1 能從有趣的學科內容及多元的課堂活動來激發學習動機。																		4-2-2 能在學習過程中產生成就感。
4-2-1 能從有趣的學科內容																		4-2-3 允許學生在使用雙語時

及多元的課堂活動來激發學習動機。														的語法或詞彙使用錯誤。
4-2-1 能從有趣的學科內容及多元的課堂活動來激發學習動機。														4-2-4 師生能以自然的方式來交流。
4-2-2 能在學習過程中產生成就感。														4-2-3 允許學生在使用雙語時的語法或詞彙使用錯誤。
4-2-2 能在學習過程中產生成就感。														4-2-4 師生能以自然的方式來交流。
4-2-3 允許學生在使用雙語時的語法或詞彙使用錯誤。														4-2-4 師生能以自然的方式來交流。

（十）向度「4-3 學習評量」各指標相對重要程度

1.向度「4-3 學習評量」各指標重要程度排序，您認為重要程度排序為何？請填入編號即可。

向度	重要性排序（填入編號即可）
4-3-1 教師能掌握學生進度並進行評估。	
4-3-2 教師能給予學生關於學習上的回饋。	（　　）≧（　　）≧（　　）≧（　　）≧（　　）
4-3-3 能具外部測驗的結果分析。	

向度	重要性排序（填入編號即可）
4-3-4 能檢核學生在實際情況中使用英文的能力。	
4-3-5 能並重語言與學科內容兩項評量。	

2.向度「4-3 學習評量」各指標之相對權重

請您分別評定各層面兩兩比較之下的相對重要程度，並於欄內打 V。

| 層面 | 絕對重要 9:1 | 極為重要 8:1 | 頗為重要 7:1 | | 稍微重要 6:1 | | 5:1 | 4:1 | 同等重要 3:1 | 2:1 | 1:1 | 稍微重要 1:2 | 頗為重要 1:3 | 1:4 | 極為重要 1:5 | 1:6 | 絕對重要 1:7 | 1:8 | 1:9 | 層面 |

層面	左邊指標重要性大於右邊指標								指標			右邊指標重要性大於左邊指標								層面
	程度																			
	絕對重要	極為重要	頗為重要		稍微重要		同等重要			稍微重要		頗為重要		極為重要		絕對重要				
	9:1	8:1	7:1	6:1	5:1	4:1	3:1	2:1	1:1	1:2	1:3	1:4	1:5	1:6	1:7	1:8	1:9			
4-3-1 教師能掌握學生進度並進行評估。																				4-3-2 教師能給予學生關於學習上的回饋。
4-3-1 教師能掌握學生進度並進行評估。																				4-3-3 能具外部測驗的結果分析。
4-3-1 教師能掌握學生進度並進行評估。																				4-3-4 能檢核學生在實際情況中使用英文的能力。
4-3-1 教師能掌握學生進度並進行評估。																				4-3-5 能並重語言與學科內容兩項評量。

4-3-2 教師能給予學生關於學習上的回饋。													4-3-3 能具外部測驗的結果分析。
4-3-2 教師能給予學生關於學習上的回饋。													4-3-4 能檢核學生在實際情況中使用英文的能力。
4-3-2 教師能給予學生關於學習上的回饋。													4-3-5 能並重語言與學科內容兩項評量。
4-3-3 能具外部測驗的結果分析。													4-3-4 能檢核學生在實際情況中使用英文的能力。
4-3-3 能具外部測驗的結果分析。													4-3-5 能並重語言與學科內容兩項評量。
4-3-4 能檢核學生在實際情況中使用英文的能力。													4-3-5 能並重語言與學科內容兩項評量。

（十一）向度「5-1 家長參與」各指標相對重要程度

1.向度「5-1 家長參與」各指標重要程度排序，您認為重要程度排序為何？請填入編號即可。

向度	重要性排序（填入編號即可）
5-1-1 家長能參與、配合並具有共識推行雙語教育，以提高雙語教育的質與量。	（　　）≧（　　）≧（　　）≧（　　）

向度	重要性排序（填入編號即可）
5-1-2 家長參與成果發表活動，具雙語教育宣傳成效。	
5-1-3 能支持學校辦理雙語教學的活動，且重視子女的英文學習。	
5-1-4 廣納家長的意見及期待，找出最適合孩子的雙語學習方式。	

2.向度「5-1 家長參與」各指標之相對權重

請您分別評定各層面兩兩比較之下的相對重要程度，並於欄內打 V。

層面	左邊指標重要性大於右邊指標								指標	右邊指標重要性大於左邊指標								層面
	程度																	
	絕對重要	極為重要	頗為重要	稍微重要		同等重要		稍微重要		頗為重要		極為重要		絕對重要				
	9:1	8:1	7:1	6:1	5:1	4:1	3:1	2:1	1:1	1:2	1:3	1:4	1:5	1:6	1:7	1:8	1:9	
5-1-1 家長能參與、配合並具有共識推行雙語教育，以提高雙語教育的質與量。																		5-1-2 家長參與成果發表活動，具雙語教育宣傳成效。
5-1-1 家長能參與、配合並具有共識推行雙語教育，以提高雙語教育的質與量。																		5-1-3 能支持學校辦理雙語教學的活動，且重視子女的英文學習。
5-1-1 家長能參與、配合並具有共																		5-1-4 廣納家長的意見及期待，找

識推行雙語 教育，以提 高雙語教育 的質與量。											出最適合孩 子的雙語學 習方式。
5-1-2 家長 參與成果發 表活動，具 雙語教育宣 傳成效。											5-1-3 能支 持學校辦理 雙語教學的 活動，且重 視子女的英 文學習。
5-1-2 家長 參與成果發 表活動，具 雙語教育宣 傳成效。											5-1-4 廣納 家長的意見 及期待，找 出最適合孩 子的雙語學 習方式。
5-1-3 能支 持學校辦理 雙語教學的 活動，且重 視子女的英 文學習。											5-1-4 廣納 家長的意見 及期待，找 出最適合孩 子的雙語學 習方式。

（十二）向度「5-2 社區融入」各指標相對重要程度

　　1.向度「5-2 社區融入」各指標重要程度排序，您認為重要程度排序為何？請填入編號即可。

向度	重要性排序（填入編號即可）
5-2-1 能考量臺灣在地文化，非僅一昧地移植他國的經驗。	
5-2-2 能將雙語教育與在地融合互相搭配。	（　　）≧（　　）≧（　　）≧（　　）
5-2-3 能建構出學校社區的配套措施與支持系統。	
5-2-4 學校在發展雙語教育之時，應彰顯屬於自己社區的在地文化。	

2.向度「5-2 社區融入」各指標之相對權重

請您分別評定各層面兩兩比較之下的相對重要程度，並於欄內打 V。

層面	左邊指標重要性大於右邊指標				指標	右邊指標重要性大於左邊指標				層面
	程度									
	絕對重要	極為重要	頗為重要	稍微重要	同等重要	稍微重要	頗為重要	極為重要	絕對重要	
	9:1	8:1	7:1	6:1	5:1	4:1	3:1	2:1	1:1	1:2	1:3	1:4	1:5	1:6	1:7	1:8	1:9	
5-2-1 能考量臺灣在地文化，非僅一昧地移植他國的經驗。																		5-2-2 能將雙語教育與在地融合互相搭配。
5-2-1 能考量臺灣在地文化，非僅一昧地移植他國的經驗。																		5-2-3 能建構出學校社區的配套措施與支持系統。
5-2-1 能考量臺灣在地文化，非僅一昧地移植他國的經驗。																		5-2-4 學校在發展雙語教育之時，應彰顯屬於自己社區的在地文化。
5-2-2 能將雙語教育與在地融合互相搭配。																		5-2-3 能建構出學校社區的配套措施與支持系統。
5-2-2 能將雙語教育與在地融合互相搭配。																		5-2-4 學校在發展雙語教育之時，應彰顯屬於自己社區的在地文化。

5-2-3 能建構出學校社區的配套措施與支持系統。													5-2-4 學校在發展雙語教育之時，應彰顯屬於自己社區的在地文化。

　　問卷到此結束，再麻煩老師檢視是否有遺漏之處，非常謝謝老師的協助，謝謝您！

國家圖書館出版品預行編目(CIP) 資料

雙語教育策略指標 / 蔡金田, 郭喬雯著. -- 初
　版. -- 臺北市 : 元華文創股份有限公司,
　2023.11

　面；　公分

　ISBN 978-957-711-345-0 (平裝)

　1.CST: 雙語教育　2.CST: 教育政策　3.CST: 中
　小學教育
523.318　　　　　　　　　　　　　　112018172

雙語教育策略指標

蔡金田　郭喬雯　著

發 行 人：賴洋助
出 版 者：元華文創股份有限公司
聯絡地址：100 臺北市中正區重慶南路二段 51 號 5 樓
公司地址：新竹縣竹北市台元一街 8 號 5 樓之 7
電　　話：(02) 2351-1607　　傳　　真：(02) 2351-1549
網　　址：www.eculture.com.tw
E-mail：service@eculture.com.tw
主　　編：李欣芳
責任編輯：陳亭瑜
行銷業務：林宜葶
出版年月：2023 年 11 月 初版
定　　價：新臺幣 420 元

ISBN：978-957-711-345-0 (平裝)

總經銷：聯合發行股份有限公司
地　址：231 新北市新店區寶橋路 235 巷 6 弄 6 號 4F
電　話：(02)2917-8022　　　　　　傳　真：(02)2915-6275